5

PASOS PROBADOS
PARA ESTABLECER UN
NEGOCIO EN
ESTADOS
UNIDOS

Lcdo. Rubén Ayala
Dra. Zulmarie Rivera
Melvin Quiñonez, MBA

AUTORES

**5 PASOS PROBADOS PARA ESTABLECER
UN NEGOCIO EN ESTADOS UNIDOS**

Primera edición: mayo de 2021.

Lcdo. Rubén Ayala
Dra. Zulmarie Rivera
Melvin Quiñonez, MBA

AUTORES

NOTA ACLARATORIA

El contenido de esta publicación, incluyendo recursos
de carácter informativo, sitios web y otros, se encontraba
vigente al momento del cierre de esta edición.

Publicación de Educación PyME
© 2021 Educación PyME
Todos los derechos reservados.
Coordinadora Editorial: Dra. Zulmarie Rivera

ISBN-13: 978-0-578-87133-2

DEDICATORIA

A la comunidad de habla hispana
que a diario se esfuerza por aportar
al país por medio del emprendimiento empresarial.

EMPRENDEDOR

Gracias por tener este libro en tus manos y permitirnos acompañarte en el proceso que comprende el establecimiento de un negocio en los Estados Unidos de América (EE. UU., por sus siglas en español).

Como entidad de educación empresarial, te reiteramos que estamos más que comprometidos contigo en ofrecerte la educación y los servicios personalizados que necesitas para empoderarte y emprender a fin de alcanzar el éxito de tu negocio. Hacemos esto a diario porque como tú somos empresarios, y conocemos a profundidad el proceso de emprendimiento; pero, más allá de eso, hacemos esto porque creemos en el potencial que tiene el ser humano para transformar su entorno por medio de la autogestión.

Es con mucha satisfacción y espíritu de progreso que te invitamos a explorar y a beneficiarte de esta publicación en la que te presentamos cinco (5) pasos probados para establecer con acierto un negocio en los EE. UU.

Siempre contigo,

Educación PyME

CONTENIDO

ACERCA DE ESTE LIBRO

En la actualidad, el emprendimiento está gozando de un auge sin precedentes a nivel mundial. Crear oportunidades económicas propias se ha convertido en la orden del día para un sinnúmero de personas que tienen el deseo o la necesidad de ir por más. A pesar de esto, las estadísticas son consistentes: alrededor de 9 de cada 10 emprendedores fallan en el intento. Una de las causas a la cual se le atribuye este hecho es a que estos tienden a no seguir con rigor los pasos que conlleva el proceso que tiene como objetivo llevarlos a ver abiertas las puertas de sus negocios.

Esto es bien similar al niño que aprendió a correr por primera vez. Mucho antes de llegar a desarrollar esta habilidad motriz, este pequeño tuvo que gatear para luego caminar y, finalmente, dar pasos con agilidad y cierta rapidez. De lo contrario, muchas hubieran sido las consecuencias que lo hubiesen alejado de una de las tantas metas vinculadas con el complejo desarrollo humano.

Con el propósito de evitar esta situación, que por lo regular termina siendo algo frustrante para la persona que pasa por el *emprendimiento fallido*, en Educación PyME, nos dimos a la tarea de reunir en esta obra única en su clase a tres (3) de nuestros expertos en el desarrollo de negocios para darte a conocer, de una manera simple y amena, los cinco (5) pasos que a nuestro entender constituyen el proceso de establecer del primer intento un negocio en los Estados

Unidos de América (EE. UU., por sus siglas en español). Dichos pasos están asociados con los siguientes temas:

1. Idea de negocio
2. Plan de negocio
3. Estructuras de negocios
4. Financiamiento para negocios
5. Permisos y licencias

Los primeros dos (2) de estos tienen que ver con la *planificación* del nuevo negocio (entiéndase, idea de negocio y plan de negocio) y los tres (3) restantes (entiéndase, estructuras, financiamiento y permisos y licencias) con su *creación*.

Te aseguramos que el resultado de esta obra fue un contenido adaptado a la comunidad de habla hispana, interesada sobre todo en establecer un negocio en EE. UU., y cargado de recursos y ejercicios prácticos que te serán de mucha utilidad al momento de tomar acción sobre tu idea de negocio.

En varias páginas del libro colocamos viñetas en forma de caja (□) con la intención de que las puedas utilizar para corroborar si, en todo caso, tu negocio requiere cumplir con alguno de los requisitos que se mencionan al lado derecho de cada una de estas; o, si deseas, también las puedes utilizar para hacer marcas de cotejo (☑) en su interior, y así identificar que ya cumpliste con lo requerido.

Confiamos en que esta guía pronto se convierta en tu herramienta de trabajo diario, así como en tu aliada para perseguir la meta de establecer tu negocio en EE. UU. **PASO A PASO.**

UNA IDEA, UNA MOTIVACIÓN, UNA ACCIÓN ES TODO LO QUE NECESITAS PARA EMPODERARTE Y

EMPRENDER.

PASO 1

IDEA DE NEGOCIO

PUNTO DE PARTIDA DEL EMPRENDIMIENTO

La base de todo tipo de negocio es la idea, por lo que esta se convierte en el primer paso a seguir al momento de establecer un negocio. En última instancia, la idea de negocio es el punto de partida del arduo, aunque muy gratificante, proceso de emprendimiento empresarial. Si no nos crees, pregúntale a los que ya han pasado por esta experiencia; pero, ojo, de la manera correcta.

Por si no lo sabías, una *idea* es una representación mental de algo que por el momento está en tu imaginación, y está en tu imaginación porque aún no la has materializado. Sin embargo, se espera que, en la medida en la que te motives y tomes acción sobre ella, esta se convierta en el fabuloso producto o servicio que propones ofrecerle al mercado con tu sello personal o estilo único.

¿DE DÓNDE SURGE LA IDEA DE NEGOCIO?

La idea de negocio puede surgir de fuentes tan diversas como las ideas mismas. Ahora bien, la idea de negocio surge con frecuencia de ámbitos en los que es muy común desenvolverse. Asimismo, de otros por los que se tiene la curiosidad de explorar.

De manera semejante, en estos tiempos, se está dando un fenómeno súper interesante en el mundo empresarial: las personas se están dando a la tarea de explorar, identificar, evaluar y potenciar sus conocimientos, talentos/habilidades y competencias con el fin de emprender.

Sumado a esto, las personas también se están inclinando por emprender a la luz de aquello que les apasiona hacer. No olvides que los estilos de vida están cambiando; de manera que el trabajo tradicional ya no llena sus expectativas como lo hacía en el pasado. En definitiva, las personas andan en busca de algo más; lo que hace que esta se convierta en otra alternativa que puedes considerar, y que, te aseguramos por experiencia, está dando resultados extraordinarios que van más allá de unas cuantas cifras. Bien menciona una cita muy conocida que se le atribuye al filósofo chino Confucio: «ELIGE **un trabajo que te guste, y** NO **tendrás que** TRABAJAR **ni un día de tu vida».**

Otros escenarios de los cuales pudiera surgir una buena idea de negocio se muestran en la **Figura 1**. Te invitamos a que los repases con detenimiento, ya que a veces una idea de este tipo puede surgir incluso de la combinación de una multiplicidad de estos factores. También ocurre, aunque con menor frecuencia, que las mejores ideas de negocio surgen de escenarios insospechados. Es por esto por lo que es conveniente que tú, en tu rol de emprendedor, estés muy pendiente a todo lo que acontece a tu alrededor.

Figura 1. Once (11) escenarios de los cuales pudiera surgir una idea de negocio.

En fin, no importa de dónde surja tu idea de negocio; aquí lo importante es que no te límites. Si consideras que esta tiene algún potencial de éxito, pero no dominas la materia, enróllate las mangas y toma acción. Lo que no se sabe, se aprende. Punto.

Lo mismo te decimos si a esa idea que está inquietando a tu mente le hace falta ese algo que necesitas para que sea excepcional. Créenos, las malas ideas no existen. Por el contrario, existen personas que no saben sacar lo mejor de ellas. ¡Repiénsala!

Pero... ¿Por qué es importante que, en todo caso, al menos reconozcas de dónde surge una idea de negocio? Porque es probable que en algún momento de su desarrollo tengas que volver a su origen, y este dato te podría revelar las respuestas a posibles preguntas que te pudieran surgir con relación a esta.

A este punto, se nos ocurre que es tiempo de preguntarte lo siguiente: ¿Ya tienes una idea de negocio en mente? Mira que nosotros esperamos que sí, porque lo que viene a continuación es comenzar a darle vida. «¿Cómo voy a hacer esto posible?», pues, con una dosis cargada de paciencia, perseverancia, ingenio/creatividad y objetividad. ¡Así que prepárate!

¿CÓMO LE PUEDO DAR VIDA A MI IDEA DE NEGOCIO?

Como si fuera poco, además de lo anterior, darle vida a una idea de negocio requiere ponderar algunos aspectos claves en torno a esta, tales como: industria, mercado meta, inversión y unos tantos otros que vas a conocer por medio del primer ejercicio. Si ya estás listo para completarlo, pasa a la siguiente página.

TABLERO PARA EL DESARROLLO DE UNA IDEA DE NEGOCIO

El *Tablero para el Desarrollo de una Idea de Negocio* tiene como utilidad ayudarte a organizar tu idea de negocio de manera visual y en una sola hoja para que tengas como resultado una visión, aunque generalizada, más concreta acerca de esta.

INSTRUCCIONES: Identifica en el tablero diez (10) aspectos claves de tu idea de negocio. Haz esto con claridad, brevedad y precisión. Estos aspectos son y se refieren en lo específico a:

1. Industria: ¿En qué industria vas a incursionar con tu idea de negocio?

2. Idea de negocio: ¿Cuál es el concepto de negocio que propones desarrollar?

3. Propuesta (de valor): ¿Qué es lo que esta idea de negocio le va a aportar al consumidor, además de satisfacerle una demanda por medio de tu producto o servicio?

4. Personas (claves): ¿Quién va a estar al frente de esta idea? Piensa en las características y cualificaciones, tanto académicas como profesionales, que capacitan a esta persona para ocupar esta posición clave dentro del negocio.

PASA A LA PRÓXIMA PÁGINA

5. Recursos (claves): ¿Qué recursos, no importa su tipo, son indispensables para ejecutarla?

6. Alcance: ¿Tu idea de negocio va a atender las necesidades de un público objetivo local, nacional, internacional o mundial?

7. Mercado meta (cliente potencial): ¿Quién va a adquirir tu producto o servicio? Piensa en características específicas, como: género, edad, nivel de escolaridad, clase social, hábitos, estilo de vida, gustos, intereses, preferencias, otras.

8. Medios (comunicación): ¿Cuáles son los medios de comunicación que vas a utilizar para dar a conocer tu idea de negocio, tradicionales, no tradicionales o una combinación de estos?

9. Inversión: ¿Cuánto dinero estimas que vas a necesitar para ejecutarla? En este punto, hazte un favor, y considera las necesidades reales del proyecto que tienes en mente.

10. Ganancias: ¿Cuáles son los resultados económicos que esperas obtener por ejecutar esta idea?

Si ya repasaste y repensaste los aspectos claves de tu idea de negocio, quiere decir, entonces, que estás listo para pasar a trabajarlos de manera directa en el tablero de negocio que en Educación PyME hemos desarrollado para tu conveniencia y la del proyecto empresarial que estás contemplando desarrollar.

PASA A LA PRÓXIMA PÁGINA

EDUCACIÓNPYME

NOTA: Utiliza pequeñas notas adhesivas para que puedas editarlo las veces que sea necesario.

TABLERO DE NEGOCIO (Educación PyME)	

1 Industria	2 Idea

Nombre

3 Propuesta	4 Personas	5 Recursos	6 Alcance	7 Mercado

8 Medios	9 Inversión	TIEMPO		10 Ganancias
		Inicio	Fin	

¿CUÁLES SON LAS CARACTERÍSTICAS DE UNA IDEA DE NEGOCIO VIABLE?

Iniciamos esta sección puntualizando que es importante que hayas realizado el ejercicio que te sugerimos hacer en la sección anterior, porque, en esta ocasión, nos toca repasar algunas de las características con las que entendemos que toda idea de negocio debe contar para que en lo posible resulte viable.

La *viabilidad* de un negocio es un factor que indica si, en efecto, la idea de interés es sustentable en términos económicos. A fin de dar con este dato, que será determinante para que decidas seguir adelante o no con la idea de negocio que tienes en mente, es vital que te fijes en algunas cinco (5) características:

1. **Utilidad:** capacidad que tiene una idea de negocio para satisfacer las necesidades de un fin determinado.

2. **Novedad:** capacidad que tiene una idea de negocio para traer algo nuevo al mercado.

3. **Factibilidad:** capacidad que tiene una idea de negocio para materializarse con los recursos disponibles.

4. **Rentabilidad:** capacidad que tiene una idea de negocio para generar ganancias.

5. **Relevancia:** capacidad que tiene una idea de negocio para ser ante todo importante o significativa para el mercado.

Ahora que ya conoces las cinco (5) características que dan como resultado la viabilidad de una idea de negocio completa el siguiente cuestionario para proceder a evaluarla de manera inicial.

CUESTIONARIO PARA LA EVALUACIÓN INICIAL DE UNA IDEA DE NEGOCIO

El *Cuestionario para la Evaluación Inicial de una Idea de Negocio* mide tu nivel de acuerdo respecto a una serie de afirmaciones, por medio de las cuales se indaga sobre algunos de los aspectos principales de la idea de negocio.

El resultado final de este cuestionario revela de una manera sencilla el nivel de la viabilidad de esta idea, solo con base en los criterios de: utilidad, novedad, factibilidad, rentabilidad y relevancia.

Considera que esto es solo un ejercicio; por consiguiente, te exhortamos a que utilices los resultados solo con fines orientativos, y no así para tomar decisiones críticas.

INSTRUCCIONES: Lee detenidamente cada una de las afirmaciones que aparecen en la primera columna de la tabla que conforma este ejercicio. Luego reacciona a ellas con honestidad haciendo una **X** debajo del nivel de acuerdo que mejor refleje tu sentir. Dirígete a la última columna y coloca el valor correspondiente a cada respuesta. Toma en cuenta que los valores de esta escala tipo Likert van desde cinco (5)

PASA A LA PRÓXIMA PÁGINA

para indicar *Muy de acuerdo* hasta uno (1) para indicar *Muy en desacuerdo*.

Después, prosigue con la suma de todos los valores y calcula el resultado final; de un total de 25 puntos. Por último, fíjate con atención en la última parte del cuestionario y pasa a identificar dicho resultado. Para completarlo, conoce cómo interpretarlo. Haz lo más importante de este ejercicio, reflexiona.

EVALUACIÓN INICIAL DE LA IDEA DE NEGOCIO						
Afirmaciones	Muy de acuerdo (5)	De acuerdo (4)	Ni de acuerdo, ni en desacuerdo (3)	En desacuerdo (2)	Muy en desacuerdo (1)	Subtotal
1. Mi idea de negocio es útil para el mercado.						
2. Mi idea de negocio es original, distinta o peculiar.						

PASA A LA PRÓXIMA PÁGINA

EVALUACIÓN INICIAL DE LA IDEA DE NEGOCIO					
Afirmaciones	Muy de acuerdo (5)	De acuerdo (4)	Ni de acuerdo, ni en desacuerdo (3)	En desacuerdo (2)	Muy en desacuerdo (1)	Subtotal
3. Mi idea de negocio se puede desarrollar con los recursos que tengo disponibles.						
4. Mi idea de negocio compensa el esfuerzo o la inversión que voy a hacer para desarrollarla.						
5. Mi idea de negocio es importante o significativa para el mercado.						
					TOTAL	___ / 25

PASA A LA PRÓXIMA PÁGINA

INTERPRETACIÓN DE RESULTADOS

Viabilidad alta   **25-20**   La idea de negocio aparenta tener potencial de desarrollo. Si tu idea está ubicada en este nivel, pregúntate constantemente en qué y, también, cómo la puedes mejorar. No olvides que detrás de ti hay y de seguro viene más competencia; por lo que no es para nada conveniente que te confíes de los resultados y bajes la guardia.

Viabilidad media   **19-15**   Todavía hay ciertos ajustes que le debes hacer a tu idea de negocio para llevarla a un nivel superior. Identifica estos ajustes y determina con qué aspectos de la idea se relacionan. No pierdas la oportunidad de pensar como lo haría tu cliente o la numerosa competencia.

Viabilidad baja   **14-0**   Por favor, no te rindas en el intento; ya que cuando se obtiene este tipo de resultado es porque de alguna manera la idea de negocio no está clara en nuestra mente, no estamos lo suficientemente motivados con la idea misma, no conocemos del todo el mundo empresarial o el mercado en el que vamos a incursionar. Ante las circunstancias, lo importante es que no desistas de emprender; por el contrario, mejor piensa en el giro extraordinario que le pudieras dar a tu idea de negocio. ¿Qué te parece si te animas y lo intentas?

PASA A LA PRÓXIMA PÁGINA

REFLEXIONA SOBRE LOS RESULTADOS

PASO 2

PLAN DE NEGOCIO

PLANIFICACIÓN PARA EL ÉXITO EMPRESARIAL

Luego de completar con éxito el llamado análisis preliminar de la idea, inicia el segundo paso en el proceso de establecer un negocio. En esta ocasión, nos referimos al ignorado plan de negocio. ¡Sí, justo así como lo estás leyendo! Esta es toda una locura cuando se trata de un emprendimiento de carácter empresarial, ¿no te parece?

El *plan de negocio* es un documento en el que se expresa la idea de negocio en detalle. En este caso, se utiliza como medio para proyectar, ya con algo más de formalidad, cuán económicamente sustentable es esta idea a lo largo de los primeros tres (3) años de vida del negocio que se propone establecer. Es decir, este indicador, mejor entendido como «viabilidad», es el que a fin de cuentas te va a revelar si tu idea de negocio ya está lo suficientemente lista como para emprender.

De esta manera el plan de negocio se convierte en un ejercicio de completa investigación; razón por la cual no está de más que te familiarices y apliques estrategias de este tipo que sean capaces de facilitarte el desarrollo de uno que esté a la altura de un documento científicamente probado.

En esta misma línea, se considera que un documento de este tipo es efectivo en la medida en la que los datos que se utilizan para desarrollarlo son confiables, recientes, variados y relevantes al mercado. Asimismo, se entiende que este es efectivo si además cumple con los criterios que se destacan a continuación:

☐ Presenta de manera adecuada la idea o el concepto de negocio.

☐ Evidencia la oportunidad para incursionar en el mercado, así como la viabilidad del negocio.

☐ Su contenido es fidedigno.

☐ Sirve de apoyo para obtener el financiamiento del capital para iniciar operaciones.

☐ Es susceptible a revisión periódica.

★ **CONSEJO:** Selecciona solo una idea para desarrollar el plan de negocio; así se te hará más fácil montar el rompecabezas que tienes en la mente y, como consecuencia, aumentar las probabilidades del éxito de tu proyecto empresarial.

FORMATO DEL PLAN DE NEGOCIO

Un plan de negocio cuidadosamente elaborado tiene por lo regular una extensión aproximada de 25 páginas; aunque es preciso hacer la salvedad de que esta cantidad pudiera variar de acuerdo con: (a) la naturaleza y la complejidad de la idea de negocio; (b) los datos financieros; (c) los documentos de apoyo que acompañarán al plan; (d) la estructura y el formato de este, incluso, para propósitos de impresión; (e) otros factores.

Redacta este documento a computadora en algún programa de mecanografía, como en el conocido *Microsoft Office Word*. Utiliza páginas de tamaño carta (8.5" x 11") en color blanco y sigue las especificaciones de uno de los varios estilos de redacción disponibles como, por ejemplo, el *American Psychological Association* (APA). En todo caso, la selección de uno u otro va a depender de varios factores, como del diseño gráfico del documento si es que aplica alguno. Por lo tanto, selecciona el que mejor se ajuste a la necesidad de este y su contenido.

Al pasar a la siguiente página vas a encontrar un estilo de redacción que no corresponde a alguno en particular, ya que nuestra intención es brindarte una idea básica para que en lo posible te dejes llevar.

Ejemplo básico de un estilo de redacción:

☐**Tamaño del documento:** carta (8.5" x 11").

☐**Color de las páginas:** blanco.

☐**Tipografía:** fuente con *serifa* (mejor conocida en inglés como *Serif*), como *Times New Roman* a 12 puntos.

☐**Puntuación:** un espacio entre oraciones.

☐**Alineación del texto:** justificada; a excepción de los encabezados, ya que la alienación de estos pudiera variar.

☐**Interlineado:** puede ir de sencillo a doble, todo va a depender de la extensión del escrito.

☐**Tabulación:** media pulgada (1/2") o cinco espacios en la primera oración de cada párrafo.

☐**Márgenes:** una pulgada de margen (1") en la parte superior, inferior, derecha e izquierda del documento; excepto en casos de encuadernado.

☐**Número de página:** números arábigos centralizados en la parte inferior de las páginas del documento, y utilizados de manera consecutiva.

☐**Cornisa, titulillo o encabezado de página:** ubicado de manera centralizada en la parte superior de las páginas del documento.

⭐ **CONSEJO:** Aplica en todas las páginas del plan de negocio las normas del estilo de redacción que hayas seleccionado, de manera tal que la apariencia de este luzca uniforme.

Finalmente, redacta el contenido del plan de negocio en tercera persona. Hazlo con claridad y precisión. Recurre a la prosa o, lo que es lo mismo, a la forma de expresión lingüística habitual. Para esto, apóyate en la redacción de párrafos simples que conserven la formalidad del asunto. En caso de dudas, consulta conforme al idioma de tu predilección las obras que te compartimos a manera de referencia.

OBRAS LINGÜÍSTICAS

Diccionario de la lengua española
⬈https://dle.rae.es/

Diccionario panhispánico de dudas
⬈https://www.rae.es/dpd/

Merriam-Webster's Collegiate Dictionary
⬈http://www.merriam-webstercollegiate.com/

PARTES DEL PLAN DE NEGOCIO

Un plan de negocio está dividido en seis (6) partes, por lo regular. Comienza a redactar cada una de estas partes en una página nueva, siguiendo las especificaciones del estilo de redacción de tu preferencia. De igual manera, encabézalas como es debido. Haz esto mismo con las secciones que las integran.

Las partes a las cuales hacemos referencia en este caso van desde la muy popular *portada* hasta los *documentos de apoyo*. Preséntalas en el plan de negocio siguiendo el orden que verás a continuación, siempre del uno (1) al seis (6).

☐1. Portada

☐2. Tabla de contenido

☐3. Resumen ejecutivo

☐4. Datos del negocio

☐5. Datos financieros

☐6. Documentos de apoyo

PORTADA

La **portada** es la primera parte del plan de negocio. Por la posición que ocupa en el documento, invita o no al lector a adentrarse en él. Por consiguiente, su diseño deber ser impecable.

No olvides que el interés de la mayoría de las personas por las cosas se despierta a través del sentido de la vista; así que esto es algo que te conviene examinar de cerca si es que piensas presentarle tu plan de negocio a alguien más, ya sea a un socio, inversionista, banco, familiares o amigos.

Asimismo, se espera que el contenido de la portada sea de valor. En otras palabras, que responda a un objetivo específico. De esta manera, incluye en la portada de tu plan de negocio los siguientes datos en el orden que estimes más apropiado:

☐Nombre o logo, oriéntate con un especialista en Propiedad Intelectual antes de exponerlo.

☐Información de contacto de la persona a cargo del proyecto empresarial (nombre completo de esta persona, números de teléfono, direcciones u otra).

☐Cláusula de confidencialidad, para que el lector considere que lo que tiene ante sí es en efecto un documento de carácter confidencial.

☐Enunciado sobre los derechos de autor:

EJEMPLO
© 2021 Educación PyME
Todos los derechos reservados.

☞ TABLA DE CONTENIDO

El plan de negocio requiere además una *tabla de contenido*, ya que, como sabes, esta le facilita al lector el recorrido por el documento.

Precisamente, la tabla de contenido corresponde a la segunda parte del plan de negocio. De manera similar a como lo hiciste en la portada, comienza a redactar esta parte en una página nueva. ¡No olvides encabezarla! En la próxima línea, justo al margen izquierdo, presenta las partes que vienen después de la tabla de contenido. ¿Las repasamos?:

☐Resumen ejecutivo

☐Datos del negocio

☐Datos financieros

☐Documentos de apoyo

Coloca el número de página correspondiente a dichas partes al margen contrario, al margen derecho. Considera que la tabla de contenido puede ser exhaustiva, según lo estimes necesario y adecuado. Es decir, puedes incluirle las secciones que conforman cada una de las partes. Asimismo, al plan de negocio le puedes añadir tablas de contenido que sean exclusivas para tablas, gráficas o anejos. Este detalle quedará a tu discreción. Aun así, te sugerimos que, en la medida de lo posible, te inclines por elaborar un escrito simple y de fácil recorrido para el lector.

⮞ RESUMEN EJECUTIVO

El *resumen ejecutivo* reúne los datos más relevantes de la idea de negocio. De entrada, permítenos advertirte que, aunque este corresponde a la tercera parte del plan de negocio, lo vas a redactar una vez hayas completado el resto de las partes de este documento; ya que la información para hacer esto la vas a obtener de los datos del negocio y los datos financieros.

Esta parte del plan de negocio también la vas a comenzar a redactar en una página nueva y encabezada. Seguido, en la línea que continúa, al margen izquierdo, elabora el resumen. Por favor, sé preciso y conciso. Evita exceder la cantidad de dos (2) páginas. No obstante, considera que esta extensión va a depender de la complejidad de la idea de negocio. De todas formas, lo importante es que te ocupes de comunicar tu idea de negocio con efectividad en unas cuantas líneas. Aunque no lo parezca, te aseguramos que este sí va a ser un reto de ¡GRANDES LIGAS!

Para que tengas una idea, lo anterior es semejante a cuando vas de paseo por los pasillos de una tienda por departamento. Ves un producto que te llama la atención y lo coges. De inmediato, comienzas a leer la etiqueta. Luego consultas el precio para tomar una decisión final de compra.

Con probabilidad, todo ese proceso le toma a una persona escasos minutos. ¿Cierto? Pues, justamente, una experiencia similar a esta es la que de seguro va a tener el sujeto interesado en tu idea una vez esté ante el resumen ejecutivo de tu plan de negocio.

A continuación, te sugerimos que te dejes llevar por la siguiente estructura para que puedas redactar un resumen ejecutivo que sea capaz de venderle a cualquiera tu idea de negocio. Redacta los párrafos en estricta secuencia, del primero al quinto, como verás en las páginas siguientes. Al finalizar, asegúrate de que este le hable al lector por ti.

☐**Primer párrafo:** Describe de manera breve la idea de negocio. Identifica la estructura legal bajo la cual lo vas a operar (explicado en la sección *Estructuras de negocios*), así como a su dueño, socio o administrador. Menciona dónde va a estar ubicado. Comenta el estado actual de las facilidades físicas, si alguna.

_____

_____

_____

_____

_____

_____

_____

_____

_____

_____

_____

_____

_____

_____

_____

_____

_____

_____

_____

_____

PASA A LA PRÓXIMA PÁGINA

☐**Segundo párrafo:** Comenta la situación actual del mercado en el que vas a incursionar con tu producto o servicio. Menciona la oportunidad que existe para incursionar en él. Identifica a los competidores principales y las ventajas competitivas de tu negocio respecto a estos últimos (ejemplos: calidad, variedad, precios, experiencia ofrecida al cliente, otras).

_____

_____

_____

_____

_____

_____

_____

_____

_____

_____

_____

_____

_____

_____

_____

_____

_____

_____

_____

_____

PASA A LA PRÓXIMA PÁGINA

☐**Tercer párrafo:** Menciona el mercado potencial y el mercado meta del negocio. Presenta las ventas y las ganancias proyectadas para los primeros tres (3) años de operaciones.

_____
_____
_____
_____
_____
_____
_____
_____
_____
_____
_____
_____
_____
_____
_____
_____
_____
_____
_____
_____
_____
_____
_____

PASA A LA PRÓXIMA PÁGINA

☐Cuarto párrafo: Indica el capital que requiere la operación inicial del negocio, cuánto de ese capital vas a aportar, cuánto le vas a solicitar al banco y qué uso le vas a dar a este dinero (ejemplos: mejoras al local, arrendamiento, compras, servicios u otro).

_____

_____

_____

_____

_____

_____

_____

_____

_____

_____

_____

_____

_____

_____

_____

_____

_____

_____

_____

_____

_____

_____

_____

PASA A LA PRÓXIMA PÁGINA

☐**Quinto párrafo:** Expresa la viabilidad del negocio mediante una oración. Haz esto con base en los datos financieros.

_____

_____

_____

_____

_____

_____

_____

_____

_____

_____

_____

_____

_____

_____

_____

_____

_____

_____

_____

_____

★ **IMPORTANTE:** Retoma esta parte del plan de negocio cuando hayas terminado de redactar el resto de sus partes. ¡No nos digas que ya lo olvidaste!

▰DATOS DEL NEGOCIO

La cuarta parte del plan de negocio corresponde a los *datos del negocio*. Esta es otra de las partes que vas a comenzar a redactar en una página nueva. Recuerda, es necesario encabezarla. En la próxima línea, al margen izquierdo, vas a desarrollar una breve introducción a estos datos del negocio. Siguiendo las mismas indicaciones, procede a desarrollar las secciones que la componen:

☐Descripción del negocio

☐Análisis del mercado

☐Plan de mercadeo

☐Plan operacional

☐Recursos humanos

☐Riesgos potenciales

El contenido de las secciones que corresponden a esta parte del plan de negocio, que sin duda es la más extensa de todas, lo puedes apoyar con imágenes, tablas, gráficas u otro tipo de ilustraciones; siempre y cuando entiendas que sea necesario. Al hacer uso de cualquier recurso visual, haz referencia a él. Coméntalo primero, resaltando en la discusión solo los datos que ameriten ser destacados; trata de no duplicar la información debido a su uso. Luego, preséntalo en el texto con inmediatez.

DESCRIPCIÓN DEL NEGOCIO

Es probable que ya le hayas contado a alguien más acerca de tu idea de negocio —cosa con la que te recomendamos ser altamente discreto—, pues, en esta sección, no solo vas a contar una vez más de qué trata, sino que, además, la vas a describir en detalle.

Provee la información que se requiere para desarrollar la descripción del negocio, según aplique:

• Narra con brevedad el origen de la nueva idea de negocio. Haz énfasis en mencionar de qué trata y qué nuevo trae al mercado. Resalta los logros obtenidos hasta el momento, si alguno. Menciona si tu negocio va a ser detallista, mayorista, manufacturero u otro; y cuál va a ser su actividad principal en términos de productos o servicios. Comenta qué es lo que va a diferenciar a tu idea de negocio de otras que, incluso, ya están bien posicionadas en el mercado.

_____

_____

_____

_____

_____

_____

_____

_____

_____

_____

- Expresa la estrategia del negocio desarrollando su filosofía o identidad organizacional, como te explicaremos más adelante en esta misma sección. La *filosofía* o *identidad organizacional* de una empresa, de un negocio, hace referencia a la suma de su identidad corporativa y cultura organizacional. Esta se enfoca en tres grupos: (a) personas, (b) equipos y (c) organización del negocio. Asimismo, la misma consta de los elementos que se presentan en la **Figura 2**.

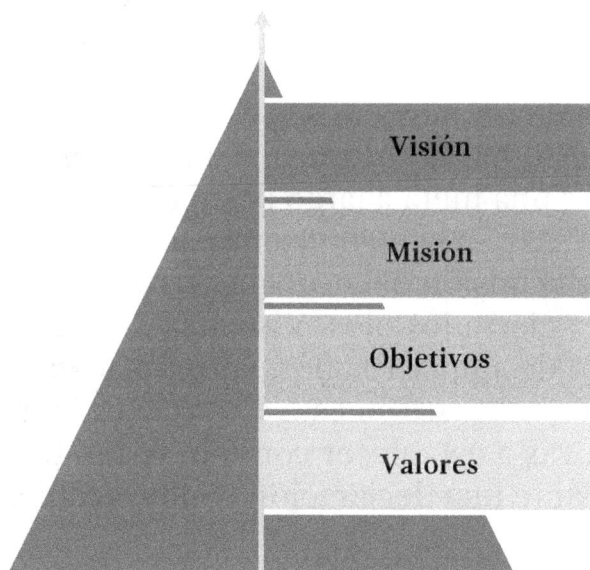

Figura 2. Cuatro (4) elementos que conforman la filosofía o identidad organizacional de un negocio.

Al desarrollar la filosofía o identidad organizacional de tu negocio, piensa en las necesidades y los deseos de la gente. Esmérate mucho por humanizarlo por medio de esta. Opta por utilizar un lenguaje más inclusivo y familiar cuando vayas a redactar los elementos que la componen. Hacia esto es que se están moviendo las empresas que están predominando en el mercado de hoy, las catalogadas *empresas no tradicionales*. Por último, ten presente que tu negocio no se va a tratar de ti. En todo caso, se va a tratar de todas las personas que van a participar de él.

Los elementos que forman parte de la filosofía o identidad organizacional los discutimos en detalle:

Visión

La *visión* de un negocio se relaciona con la proyección de este hacia el futuro. Esta, a diferencia de la misión, es una meta a largo plazo (10 a 20 años) que vas a alcanzar en la medida en la que cumplas a cabalidad con la misión del negocio. Atrévete y, por unos instantes, cierra los ojos. Visualiza dónde lo ves posicionado de aquí a 10 años, aproximadamente. Eso, eso que visualizaste en este ejercicio es lo que precisamente vas a establecer como la visión de tu negocio mediante una declaración comprensible.

EJEMPLO[1]

PermisosComerciales.com

VISIÓN

Seremos reconocidos internacionalmente como la empresa líder en la gestoría comercial en línea.

---

[1] Este ejemplo se utiliza en esta obra solo con fines ilustrativos, por lo que no necesariamente representa la filosofía o identidad organizacional actual de PermisosComerciales.com.

Un aspecto que conviene considerar con relación a la visión, así como con relación a la misión y los objetivos que pronto vamos a comentar, es que esta debe ser: (a) realista, (b) medible y (c) alcanzable. No olvides que este y el resto de los elementos asociados con la filosofía o identidad organizacional son metas por perseguir; lo cual hace que las tres (3) condiciones sean determinantes para su alcance.

De la misma manera, considera que la dirección de la visión la vas a establecer tú como empresario. En otras palabras, esto lo que quiere decir es que tú vas a ser quien elijas si la visión de tu negocio va a estar enfocada, por ejemplo, en su posición o ubicación geográfica, su expansión o proposición de valor. Fíjate que, en el ejemplo que utilizamos para ilustrarte qué es una visión, el empresario se dio a la tarea de basar la misma en el posicionamiento de su empresa y en el realce de lo que considera es su valor añadido respecto a la competencia que, en su caso, es ofrecer servicios de gestoría comercial en línea.

• Redacta en este espacio la visión de tu negocio:

_____

_____

_____

_____

_____

_____

_____

_____

_____

Misión

La *misión* hace referencia a la razón de ser de un negocio. Se considera que esta es una meta a mediano plazo (3 a 5 años). Es la meta que, oportunamente, te va a permitir alcanzar la visión de tu negocio. Pregúntate: ¿Qué vamos a hacer a diario en la empresa? Este cuestionamiento será el que te ayude a desarrollar la misión de tu nuevo negocio con objetividad.

EJEMPLO[2]

PermisosComerciales.com

MISIÓN

Trabajamos con profesionalismo en la creación, el desarrollo y la protección de negocios a través de una plataforma 100% en línea para la conveniencia de nuestros clientes y el progreso de sus negocios.

ANÁLISIS DE LA MISIÓN

¿Qué hace la empresa?:
Trabaja con profesionalismo en la creación, el desarrollo y la protección de negocios.

¿Cómo lo hace?:
Con profesionalismo, a través de una plataforma 100% en línea.

¿Para quién o quiénes?:
Para sus clientes y los negocios de estos.

¿Con qué fin o propósito?:
Para la conveniencia de sus clientes y el progreso de sus negocios.

---

[2] Este ejemplo se utiliza en esta obra solo con fines ilustrativos, por lo que no necesariamente representa la filosofía o identidad organizacional actual de PermisosComerciales.com.

Contesta las cuatro (4) preguntas que aparecen a continuación para que, más adelante, redactes la misión de tu negocio:

- ¿Qué vamos a hacer a diario en la empresa?

_____
_____
_____
_____
_____
_____
_____
_____
_____
_____

- ¿Para quién o quiénes lo vamos a hacer?

_____
_____
_____
_____
_____
_____
_____
_____
_____
_____

PASA A LA PRÓXIMA PÁGINA

• ¿Cómo lo vamos a hacer?

_____

_____

_____

_____

_____

_____

_____

_____

_____

• ¿Con qué fin o propósito lo vamos a hacer?

_____

_____

_____

_____

_____

_____

_____

_____

_____

★ **CONSEJO:** Al realizar este ejercicio, asegúrate de responder a todas o a la mayoría de las preguntas. De esta manera, vas a obtener como resultado una misión digna de tu negocio.

PASA A LA PRÓXIMA PÁGINA

Si ya respondiste a todas o a la mayoría de las preguntas que te hicimos con relación a la misión de tu negocio, utiliza ahora toda la información que proporcionaste por medio de ellas para redactarla. Trata de incluir en su redacción palabras "de alto impacto" o "conceptos claves" que se vinculen con la esencia de tu negocio y que le permitan al cliente potencial conectar con este. Esto le va a aportar valor al mencionado elemento.

* Redacta en este espacio la misión de tu negocio:

De casualidad, ¿ya tienes lista la misión de tu negocio? ¡Pues, qué esperas! Léela en voz alta. Asegúrate de que, al hacerlo, esta te traiga de vuelta a tu negocio y a lo que en él se va a hacer o se hace a diario. Dicho de otra manera, asegúrate de que esta despierte tus sentidos; porque esto mismo es lo que vas a desear que la misión provoque en tus clientes. De no ser así, sigue trabajando en ella incansablemente hasta llevarla a un punto razonable de perfección.

➤ Objetivos

Los *objetivos* también tienen que ver con el plan estratégico del negocio. Por lo regular, en este caso, se trata de metas a corto plazo (algunos meses hasta un término máximo de 3 años). Sin embargo, no olvides que, en la medida en la que vayas alcanzando estas metas, vas a alcanzar a su vez la misión de la empresa y, por efecto, su visión. Los objetivos, al igual que estas últimas, tienen que ser sobre todo medibles, ya que estos se van a convertir en indicadores de medición. ¡Acompáñanos a analizar el siguiente ejemplo!

EJEMPLO

OBJETIVO

Aumentar las ventas en un 5% mediante el ofrecimiento de servicios únicos a fin de obtener un alza sostenida en las ganancias de la empresa durante los primeros tres años de operaciones.

ANÁLISIS DEL OBJETIVO

¿Qué va a hacer?:
Aumentar las ventas en un 5%.

¿Con qué fin o propósito?:
A fin de obtener un alza sostenida en las ganancias de la empresa.

¿Cómo lo va a hacer?:
Mediante el ofrecimiento de servicios únicos.

¿Dentro de qué tiempo?:
Durante los primeros tres años de operaciones.

Responde a las cuatro (4) preguntas que aparecen a continuación para que, más adelante, redactes el objetivo de negocio que hayas seleccionado.

⁎ **IMPORTANTE:** Solo para propósitos de este ejercicio, desarrolla un (1) objetivo de negocio respondiendo a las siguientes preguntas. Ya para efectos del plan de negocio, haz esto mismo, pero con cada uno de los objetivos principales que puedas identificar por cada área crítica del negocio.

⁎ ¿Qué proponen hacer?

_____

_____

_____

_____

_____

_____

_____

_____

_____

PASA A LA PRÓXIMA PÁGINA

• ¿Cómo lo van a hacer?

_____
_____
_____
_____
_____
_____
_____
_____
_____

• ¿Con qué recursos lo van a hacer?

_____
_____
_____
_____
_____
_____
_____
_____
_____
_____

PASA A LA PRÓXIMA PÁGINA

• ¿Dentro de qué tiempo lo van a hacer?

_____

_____

_____

_____

_____

_____

_____

_____

_____

• Redacta el objetivo que hayas seleccionado:

_____

_____

_____

_____

_____

_____

_____

_____

_____

➧ Valores

Los *valores*, por su parte, son los principios por los cuales se rigen las personas, los equipos y la organización que participa de la empresa. Estos deben ser conocidos y practicados por todos dentro del negocio con el fin de obtener los resultados deseados. Los valores tienen la función de motivar a todo el personal para avanzar conforme se ha establecido, dado a que estos aportan al alcance de los objetivos organizacionales.

Uno de los valores de mayor auge hoy día en las empresas, en función de sus mercados, es la *creatividad* y la *innovación*. Veamos el siguiente ejemplo que muestra cómo redactar un valor organizacional:

EJEMPLO[3]

PermisosComerciales.com

CREATIVIDAD E INNOVACIÓN

Nos ocupamos de facilitar un ambiente de trabajo que propicie la generación de ideas que nos ayuden a adelantarnos a los tiempos para responder a los cambios en el mercado y a las demandas de los clientes con efectividad e inmediatez.

Ahora, piensa sin prisa en un promedio de cinco (5) a siete (7) valores y defínelos. ¿Cuáles son esos valores que van a hacer a tu negocio único, que te van a hacer decir con orgullo: «¡Ese es mi negocio!»?

---

[3] Este ejemplo se utiliza en esta obra solo con fines ilustrativos, por lo que no necesariamente representa la filosofía o identidad organizacional actual de PermisosComerciales.com.

• Identifica y define los valores de tu negocio:

VALOR 1	DEFINICIÓN

VALOR 2	DEFINICIÓN

PASA A LA PRÓXIMA PÁGINA

VALOR 3	DEFINICIÓN

VALOR 4	DEFINICIÓN

PASA A LA PRÓXIMA PÁGINA

VALOR 5	DEFINICIÓN

VALOR 6	DEFINICIÓN

PASA A LA PRÓXIMA PÁGINA

VALOR 7	DEFINICIÓN

Otro aspecto del negocio que vas a incluir como parte de la descripción de este, además de la filosofía o identidad organizacional, tiene que ver con los *productos* o *servicios* a ofrecer en el mercado.

En esta sección, identifica el producto o servicio que le vienes a ofrecer al mercado. En cuanto a esto, menciona la variedad. Resalta la necesidad de ofrecerle dicho producto o servicio al consumidor. Expresa el rango de precios, la calidad, su valor añadido y las políticas de cambio y garantías que va a incluir la compra de este. Piensa en cuán accesible va a ser para el mercado meta o, dicho de otra manera, para el cliente potencial de tu interés.

También, especifica la etapa del desarrollo en la que se encuentra, solo si aplica. Describe la tecnología que involucra tu producto o servicio, si alguna.

Aborda el tema de patente, derecho de autor o marca que esperas obtener en cuanto a tu negocio.

A continuación, provee la siguiente información:

• Menciona el producto o servicio principal en torno al cual van a girar las operaciones de tu negocio.

_____

_____

_____

_____

_____

_____

_____

_____

_____

• Resalta la necesidad de ofrecerlo en el mercado.

_____

_____

_____

_____

_____

_____

_____

_____

_____

PASA A LA PRÓXIMA PÁGINA

- Comenta la propuesta de valor de tu producto o servicio para el cliente. Es decir, comenta cómo es que este le va a satisfacer una necesidad, resolver un problema o mejorar una situación. ¿Qué puede esperar el cliente de tu producto o servicio? ¿Por qué lo adquiriría contigo, y no con la competencia?

_____

_____

_____

_____

_____

_____

_____

_____

_____

- Enlista la variedad de tu producto o servicio, rango de precios y cuán accesible será para el mercado.

_____

_____

_____

_____

_____

_____

_____

_____

_____

PASA A LA PRÓXIMA PÁGINA

• Resalta la calidad de tu producto o servicio, y si este incluye algún tipo de garantía por su compra.

_____

_____

_____

_____

_____

_____

_____

_____

_____

• Indica en qué etapa del desarrollo se encuentra tu producto o servicio, solo si aplica. Si requiere algún tipo de tecnología, menciónalo. Comenta si tu idea de negocio implica patente, derecho de autor o de marca.

_____

_____

_____

_____

_____

_____

_____

_____

_____

ANÁLISIS DEL MERCADO

En esta sección, correspondiente al análisis del mercado, vas a hacer una exposición acerca del mercado en el que vas a incursionar con tu producto o servicio. El *mercado* es el contexto en el que tiene lugar la oferta y demanda de cualquiera de estos.

Tal ejercicio lo vas a realizar abordando de manera selectiva el origen de este mercado, su desarrollo, evolución y su proyección hacia el futuro; ya que estamos seguros de que querrás incursionar en uno que sea bastante estable y de larga duración. Sin embargo, todo esto lo vas a descubrir solo si te das a la tarea de indagar lo suficiente sobre el de tu interés.

Identifica en distintas fuentes de información —de preferencia primarias— datos confiables y actualizados acerca de este mercado, como lo pueden ser estadísticas de oferta y demanda sobre el producto o servicio que le esperas ofrecer, proyecciones u otros.

Tu meta en cuanto a este análisis es poder demostrar mediante el uso de este tipo de datos que existe una oportunidad real en el mercado para lanzar tu idea de negocio con mayor confianza y seguridad.

En la próxima página te compartimos una selección de fuentes de información que puedes consultar para realizar una rigurosa y bien lograda búsqueda de datos. No obstante, no ignores que la que va a determinar la complejidad de esta búsqueda es la naturaleza misma del mercado. En el proceso, trata de ser paciente y también persistente; ya que, para efectos de un plan de negocio, más vale presentar datos de este tipo que meras suposiciones o especulaciones. Considera que no te servirá de nada caer en su uso.

FUENTES DE INFORMACIÓN

⤳ Periódicos o boletines

⤳ Revistas académicas o profesionales

⤳ Investigaciones académicas o profesionales

⤳ Libros de texto o consulta, y diccionarios.

⤳ Actas de informes, conferencias y otros.

⤳ Bibliotecas generales o especializadas

⤳ Expertos del mercado

⤳ Sitios web y blogs

⤳ Entidades de rigor como las siguientes: agencias de gobierno, juntas, colegios, asociaciones, organizaciones, capítulos, instituciones académicas y otras.

★ **CONSEJO:** Si vas a realizar la búsqueda de información por Internet, opta por visitar direcciones que terminen en: .edu (educación), .gov (agencia de gobierno) y .org (organización). Se considera que estas son las direcciones más confiables en cuanto a la calidad y la veracidad de los datos que presentan mediante su contenido.

En la medida de lo posible, contesta las siguientes preguntas para desarrollar el análisis del mercado:

• Comenta el origen del mercado relacionado con tu producto o servicio, según los datos que tengas disponibles.

_____
_____
_____
_____
_____
_____
_____
_____
_____
_____

• Menciona cómo se ha desarrollado este mercado.

_____
_____
_____
_____
_____
_____
_____
_____
_____
_____

PASA A LA PRÓXIMA PÁGINA

- Explica cómo ha evolucionado.

_____

_____

_____

_____

_____

_____

_____

_____

_____

_____

- Revela cómo se proyecta hacia el futuro.

_____

_____

_____

_____

_____

_____

_____

_____

_____

Con base en los datos que hayas podido recopilar por medio del ejercicio anterior, determina quiénes van a adquirir tu producto o servicio. Piensa en el área geográfica a la cual vas a circunscribir tu mercado. ¿Será acaso a una comunidad, una zona o una región? ¿Quizás a un país o un continente?

De la misma manera, piensa en quién va a ser tu mercado meta. El *mercado meta* se refiere al cliente potencial. Este bien puede ser una persona o una entidad. ¡Ojo! Describe al tuyo en términos de las siguientes características, así como de otras relevantes que le apliquen a tu mercado:

☐ Género, edad y escolaridad

☐ Clase social, estilo de vida y zona geográfica de acción.

☐ Hábitos de consumo

☐ Pensamientos, emociones y actitudes.

☐ Motivaciones

☐ Gustos, preferencias e intereses.

☐ Problemas, necesidades y caprichos.

Mientras más logres conocer a tu mercado meta, mejor podrás responder a sus necesidades por medio de tu producto o servicio. Esto nos lleva a hacer la siguiente aclaración: CONSUMIDOR y USUARIO no son lo mismo. ¡No, no lo son! ¿Qué no lo sabías?

El *consumidor* es la persona o entidad que va a demandar tus productos o servicios a cambio de dinero, mientras que el *usuario* es el que de alguna manera se va a beneficiar de su uso. ¿Lo habías pensado? En un paréntesis, esperamos que de ahora en adelante tomes en cuenta esta marcada diferencia.

Por consiguiente, es indispensable que sepas distinguir bien entre el consumidor y el usuario de tu producto o servicio. Seleccionar inadecuadamente a tu mercado meta, a consecuencia de esto, pudiera resultar en un fracaso para tu negocio; ya que existe una alta probabilidad de que la estimación de la participación en el mercado y la proyección de las ventas se vean afectadas. Insistimos, ¡en esto **NO** puedes fallar!

En la **Figura 3**, establece el perfil de tu mercado meta con base en sus características esenciales y de acuerdo con la información que ya hemos discutido.

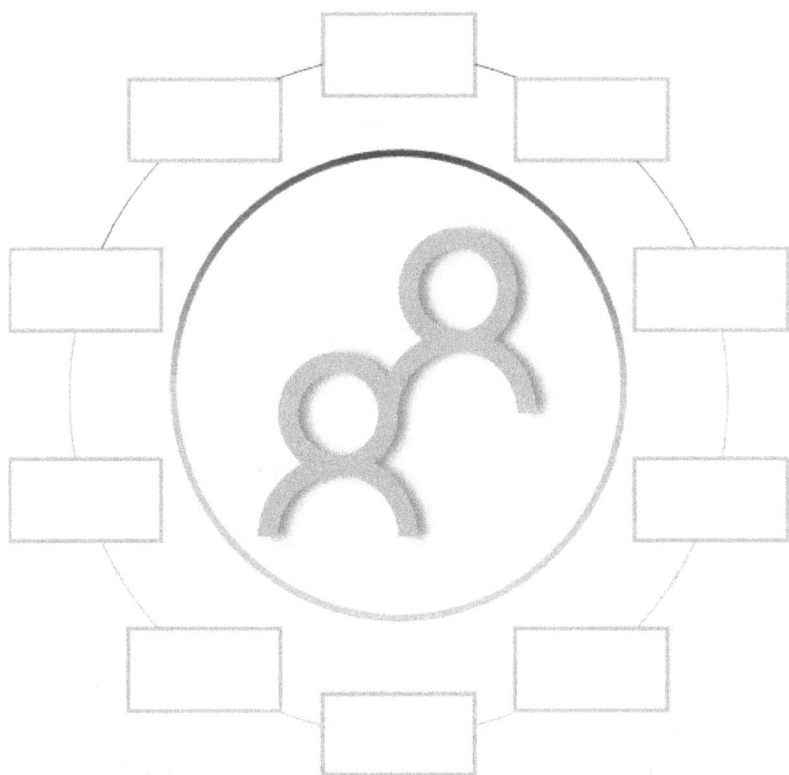

Figura 3. Perfil del mercado meta.

Con el propósito de estimar el mercado meta, que tal vez esta sea una de las tareas más difíciles de lograr en este proceso debido a que, de nuevo, vas a trabajar con un estimado, utiliza la fórmula que te proponemos a continuación. Esta te va a dar como resultado un número aproximado del mercado meta. En la eventualidad, siéntete en la libertad de ir ajustándolo a la realidad. ¡Será necesario hacerlo!

FÓRMULA
MERCADO META

Mercado potencial
X
Por ciento de participación proyectada
=
Mercado meta

LEYENDA:

• **Mercado potencial:** alcance total del mercado.

• **Por ciento de participación proyectada:** por ciento del mercado potencial que esperas capturar para los primeros tres (3) años de las operaciones del negocio.

• **Mercado meta:** clientes potenciales.

Una vez hayas identificado a este mercado, aplicando la fórmula sugerida para los primeros tres (3) años de operaciones, indica también en esta sección cuál esperas que sea el valor de una *venta promedio* por cliente con base en tu principal producto o servicio: ¿Veinticinco, cincuenta, cien, mil dólares?

Lo mismo vas a hacer con los **métodos de pago** que esperas que estos utilicen al hacer sus compras (ejemplos: efectivo, ATH, ATH Móvil, tarjetas de crédito, cheques, otros).

A la luz de los datos relacionados con el mercado meta, elabora próximamente la proyección anual de ventas. Esto es lo mismo que lo que se conoce como **participación proyectada** para los primeros tres (3) años de las operaciones del negocio. A continuación, te compartimos una tabla que puedes utilizar como modelo (ver **Tabla 1**).

Tabla 1. Proyección anual de ventas

Nombre del negocio *Proyección anual de ventas* (Primeros tres años de operaciones)		
Año 1	**Año 2**	**Año 3**
Mercado meta (estimado con la fórmula anterior) X **Venta promedio** (estimada) = **Venta anual** (expresada en $)	**Mercado meta** (estimado con la fórmula anterior) X **Venta promedio** (estimada) = **Venta anual** (expresada en $)	**Mercado meta** (estimado con la fórmula anterior) X **Venta promedio** (estimada) = **Venta anual** (expresada en $)

Un factor muy importante vinculado con el mercado es la competencia. ¡A esta sí que no la puedes perder de vista! Por tal razón, en esta sección, vas a llevar a cabo un *análisis de la competencia*. Este ejercicio te va a ayudar a estudiar de cerca a la competencia y te va a dejar saber cómo probablemente va a quedar posicionado tu negocio en el mercado una vez incursiones en él.

A efectos del análisis, identifica a tus competidores directos o, por su defecto, indirectos. Haz mayor énfasis en los primeros. Si consideras que tu idea de negocio es «única» o «no existe en el mercado», al menos no como la estás pensando, entonces, te recomendamos identificar un modelo o concepto de negocio que se parezca al tuyo. No te engañes, siempre habrá uno con el que puedas comparar a tu idea. ¡Encuéntralo! Recuerda, ya la rueda está inventada.

Con la finalidad de hacer esto, toma en consideración aquellos competidores cercanos a la localidad de tu negocio. Si tienes pensado expandirlo más allá de estos límites, identifica a otros competidores a nivel internacional o mundial. Luego que identifiques a un aproximado de tres (3) a cinco (5), compáralos con tu negocio por criterios.

Ejemplos de criterios que puedes examinar para hacer este ejercicio son los siguientes: (a) ubicación, (b) horario, (c) disponibilidad y variedad del producto o servicio, (d) mercado meta al cual va dirigida la venta, (e) gasto promedio por cada compra que este haga y (f) cómo el cliente ha evaluado a los competidores en plataformas reconocidas como Google, Amazon, SAL!, TripAdvisor, Yelp, Facebook y otras —considera el hecho de que estamos en la era de las famosas *reseñas*, mejor conocidas en inglés como «*reviews*»; por lo que es mucha la información de este y otro tipo que ya está disponible en el Internet de manera accesible y gratuita. Solo es cuestión de saber buscar y seleccionar los datos que necesitas para elaborar este tipo de análisis con objetividad.

Compara también las diversas estrategias de promoción empleadas por los competidores para dar a conocer sus productos o servicios. Asimismo, identifica fortalezas y debilidades. Cualquier otro criterio, como los años de experiencia en el mercado, que pueda aportar datos valiosos al análisis de la competencia, inclúyelo en el ejercicio. Con relación a esto último, incluye las acciones que tomarás a partir de este para destacarte respecto a la competencia.

Luego del espacio para anotaciones te compartimos un modelo de una tabla simple que puedes utilizar como referencia para realizar dicho análisis (ver **Tabla 2**).

ANOTACIONES

Tabla 2. Análisis de la competencia

	Nombre del negocio *Análisis de la competencia*			
Criterios	Tu negocio	Competidor 1	Competidor 2	Competidor 3
Ubicación				
Horario de servicio				
Producto o servicio				
Mercado meta				
Gasto promedio				
Evaluación de parte del consumidor				
Métodos de pago				
Fortalezas				
Oportunidades				
Debilidades				
Amenazas				
Valor añadido				
Otros				

PLAN DE MERCADEO

El *plan de mercadeo* consta de procesos que se desarrollan y ejecutan a fin de llevarles la delantera a los competidores. Esto solo se logra cuando se aprovechan las oportunidades existentes en el mercado. En esta sección, te compartimos algunas estrategias que puedes considerar para elaborar tu plan de mercadeo a la luz de los primeros tres (3) años de las operaciones del negocio.

Al trabajarlas, asegúrate de que estas principalmente: (a) tengan un propósito definido, (b) sean alcanzables y (c) se puedan medir por medio de algún tipo de indicador. En otras palabras, asegúrate de que al desarrollarlas puedas responder a preguntas esenciales como:

- ¿Qué propones hacer?
- ¿Cómo lo vas a hacer?
- ¿Con qué fin lo vas a hacer?
- ¿Cómo vas a medir esta estrategia (indicador)?
- ¿Para cuándo vas a obtener resultados?

Si la implementación de alguna de las estrategias de mercadeo conlleva algún tipo de inversión, menciona la cantidad correspondiente con base en cotizaciones que no tengan más de 60 días de vigencia.

⭐ **IMPORTANTE:** Recuerda que los gastos que conlleve el desarrollo de la idea de negocio los deberás presentar en la sección del plan de negocio que aplique y, luego, reportarlos en los datos financieros.

Delinea las siguientes estrategias de mercadeo:

1. Estrategia de producto/servicio: acciones para diseñar y ofrecer un producto o servicio que responda a las necesidades del mercado.

_____

_____

_____

_____

_____

_____

_____

_____

_____

_____

_____

_____

_____

_____

_____

_____

_____

_____

_____

_____

_____

_____

_____

_____

PASA A LA PRÓXIMA PÁGINA

2. Estrategia de precio: acciones para fijar los precios de un producto o servicio.

_____

_____

_____

_____

_____

_____

_____

_____

_____

_____

_____

_____

_____

_____

_____

_____

_____

_____

_____

_____

_____

_____

_____

_____

_____

_____

_____

_____

PASA A LA PRÓXIMA PÁGINA

3. Estrategia de distribución: acciones para llevar a cabo la distribución de un producto o servicio.

PASA A LA PRÓXIMA PÁGINA

4. Estrategia de ventas: acciones para cumplir con las ventas proyectadas.

_____

_____

_____

_____

_____

_____

_____

_____

_____

_____

_____

_____

_____

_____

_____

_____

_____

_____

_____

_____

_____

_____

_____

_____

PASA A LA PRÓXIMA PÁGINA

5. Estrategia de promoción: acciones para dar a conocer un producto o servicio.

_____

_____

_____

_____

_____

_____

_____

_____

_____

_____

_____

_____

_____

_____

_____

_____

_____

_____

_____

_____

_____

_____

_____

_____

PASA A LA PRÓXIMA PÁGINA

6. Estrategia de servicio al cliente: acciones para proveer un servicio al cliente, de acuerdo con los estándares establecidos.

_____

_____

_____

_____

_____

_____

_____

_____

_____

_____

_____

_____

_____

_____

_____

_____

_____

_____

_____

_____

_____

_____

_____

_____

_____

PLAN OPERACIONAL

La operación eficiente y efectiva de un negocio también es primordial para su estabilidad y crecimiento. La *operación del negocio* tiene que ver con el conjunto de actividades que el negocio requiere que se lleven a cabo para alcanzar los resultados deseados.

Una vez los repases en la **Figura 4**, describe los aspectos operacionales más importantes de tu negocio en las páginas subsiguientes.

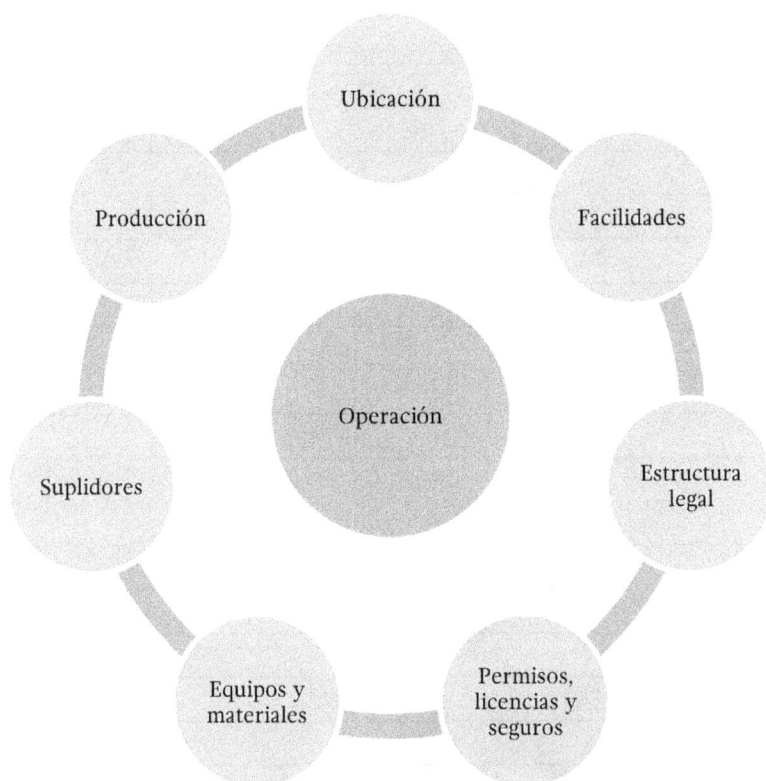

Figura 4. Siete (7) aspectos relacionados con la operación de un negocio.

1. Ubicación del negocio: Menciona la ubicación física del negocio, acompáñala de una imagen satelital. Corrobora la clasificación de la zona, si es comercial o residencial. Menciona la ventaja de la ubicación del negocio. A tales fines, considera el tráfico del área; la oportunidad que existe para expandir las operaciones en la zona; los negocios al alrededor que puedan, incluso, satisfacer sus necesidades; las vías de acceso y la seguridad en el área.

_____

_____

_____

_____

_____

_____

_____

_____

_____

_____

_____

_____

_____

_____

_____

_____

_____

_____

_____

PASA A LA PRÓXIMA PÁGINA

2. Facilidades en las que operará el negocio: Considera las ventajas que tienen las facilidades en las que va a operar tu negocio, en términos de gastos vinculados con las mejoras a la estructura física, arrendamiento, mantenimiento, servicios esenciales y otros. Menciona la cantidad a invertir por cada uno de estos. En la sección *Documentos de apoyo*, presenta cotizaciones y toda evidencia de contratos o cartas de intención.

_____

_____

_____

_____

_____

_____

_____

_____

_____

_____

_____

_____

_____

_____

_____

_____

_____

_____

_____

_____

PASA A LA PRÓXIMA PÁGINA

3. Estructura del negocio (explicado en detalle en la sección *Estructuras de negocios*): ¿Cuál va a ser la estructura legal bajo la cual vas a operar el negocio, DBA, LLC u otra? ¿Cuál es el costo de este registro?

_____

_____

_____

_____

_____

_____

_____

_____

_____

_____

_____

_____

_____

_____

_____

_____

_____

_____

_____

_____

_____

_____

PASA A LA PRÓXIMA PÁGINA

4. Permisos, licencias y seguros (explicado en detalle en la sección *Permisos y licencias*): ¿Qué permisos o licencias crees que vas a necesitar para operar el negocio? ¿Este requiere algún tipo de seguro? ¿Cuáles son los costos de cada uno de estos? Presenta cotizaciones con no más de 60 días de vigencia, si aplica.

_____
_____
_____
_____
_____
_____
_____
_____
_____
_____
_____
_____
_____
_____
_____
_____
_____
_____
_____
_____
_____

PASA A LA PRÓXIMA PÁGINA

5. Equipos y materiales: ¿Qué equipos, materiales u otros vas a necesitar para operar el negocio? Indica por cada tipo: descripción, cantidad y costo. Evidencia la información con cotizaciones actualizadas que no tengan más de 60 días de vigencia. Coloca estas cotizaciones en la sección *Documentos de apoyo*.

PASA A LA PRÓXIMA PÁGINA

6. Suplidores: ¿Tu negocio va a contar con suplidores? ¿Quiénes van a ser estos? ¿Cuáles van a ser los métodos o términos de pago, las políticas de cambio o devolución de mercancía? ¿Te van a ofrecer algún tipo de garantías? Si es así, indica cuáles.

_____

_____

_____

_____

_____

_____

_____

_____

_____

_____

_____

_____

_____

_____

_____

_____

_____

_____

_____

_____

_____

_____

_____

PASA A LA PRÓXIMA PÁGINA

7. Producción: ¿Con qué sistema de producción y control de inventario va a contar tu negocio? ¿Cuál va a ser el proceso para producir o comprar el producto, o subcontratar servicios? ¿Cuáles van a ser los controles de calidad que vas a considerar al hacer esto? ¿Cuál va a ser el equipo y la tecnología que va a requerir tu negocio en general para llevar a cabo operaciones?

_____

_____

_____

_____

_____

_____

_____

_____

_____

_____

_____

_____

_____

_____

_____

_____

_____

_____

_____

_____

_____

_____

RECURSOS HUMANOS

Las personas son el recurso más valioso de un negocio. Este no es un secreto, pero sí una clave ganadora. ¡Recuérdalo!

En esta sección, menciona si las operaciones de tu negocio van a requerir de recursos humanos internos o externos. Para esto, identifica a las personas que van a ocupar puestos claves. Incluye sobre estas su formación académica; así como experiencias laborales, certificaciones y reconocimientos que sean relevantes al mercado en el que va a incursionar tu negocio (incluye resumés, certificaciones u otros en la sección *Documentos de apoyo*). Establece los requisitos mínimos con los que deberán contar estas personas para ocupar este tipo de puestos, además de las funciones principales que llevarán a cabo al asumir el cargo a dichos puestos.

Piensa también en las estrategias que vas a emplear para lograr contar con un equipo de trabajo feliz y, a la misma vez, competitivo; y, más allá de esto, comprometido con la filosofía o identidad organizacional de tu negocio, como: adiestramientos, talleres, seminarios, programas de salud y bienestar, u otras.

Por aquello de hacerte una pregunta al azar: ¿Por qué crees que la mayoría de los jóvenes anhelan trabajar en Google? De seguro será porque este es un lugar de trabajo no tradicional que respeta la diversidad y, por supuesto, valora la creatividad. Pero ese es el caso de Google, por lo que te exhortamos a indagar un poco más sobre el tema de *cultura organizacional*; ya que, en cierta medida, este es uno de los tantos factores que determinan el éxito de un negocio. Tómate unos minutos para pensar: «¿Qué tipo de empleado quiero que forme parte de mi equipo de trabajo?».

Acompaña toda esta información de un organigrama (ver **Figura 5**), ya que este diagrama de la estructura organizacional del negocio te va a ayudar a visualizar sus jerarquías, puestos requeridos para la operación, líneas de comunicación, influencia de un puesto de trabajo sobre otro y otros.

Administrador

Contador

Asistente Administrativo

Trabajador 1

Trabajador 2

Trabajador 3

Figura 5. Ejemplo de un organigrama organizacional.

Para culminar, estima los salarios de estos puestos de trabajo para los primeros tres (3) años de operaciones. En la **Tabla 3**, te mostramos otro modelo de tabla para que puedas realizar esta actividad con agilidad. En este punto, y ya que se trata de cálculos, te recomendamos que hagas uso de programas automatizados como *Microsoft Office Excel*.

Tabla 3. Sueldo anual de empleados[4]

Nombre del negocio *Sueldo anual de empleados* (Primeros tres años de operaciones)			
AÑO 1			
Posición	Cantidad empleados	Sueldo anual	Sueldo total por posición
Posición A		$	$
Posición B		$	$
Posición C		$	$
		SUBTOTAL	$
AÑO 2			
Posición	Cantidad empleados	Sueldo anual	Sueldo total por posición
Posición A		$	$
Posición B		$	$
Posición C		$	$
		SUBTOTAL	$
AÑO 3			
Posición	Cantidad empleados	Sueldo anual	Sueldo total por posición
Posición A		$	$
Posición B		$	$
Posición C		$	$
		SUBTOTAL	$
		TOTAL	$

---

[4] Recuerda contemplar los gastos relacionados con las regulaciones laborales impuestas por la ley.

RIESGOS POTENCIALES

Todo negocio conlleva riesgos. Esta es una realidad con la que a diario los empresarios tienen que lidiar. Con esto en mente, menciona cuáles son los riesgos potenciales que pudieran afectar el éxito de tu negocio. Por cada uno de estos, presenta una medida para prevenirlos, el resultado esperado y el costo de esta.

Un *riesgo potencial* es por lo regular una situación de amenaza significativa para el negocio y sus operaciones, casi siempre de naturaleza económica. Algunos riesgos potenciales que podemos mencionar, a manera de ejemplo, están relacionados con el aumento en los costos de materia prima, la pérdida del suplidor principal, el aumento de la competencia y la falta de agua potable o energía eléctrica. El plan lo puedes trabajar en formato de tabla (ver **Tabla 4**).

Tabla 4. Plan para atender los riesgos potenciales

Nombre del negocio *Plan para atender los riesgos potenciales* (Primeros tres años de operaciones)				
Riesgo	**Responsable**	**Medida**	**Resultado**	**Costo**
1. Fallas en la cadena de suministros.	Departamento de Compras	Contar con varios suplidores del mismo producto, y, en casos extremos y aplicables, tener inventario para los próximos 6 a 9 meses de operaciones.	Operar el negocio de manera ininterrumpida.	$3,500.00
			TOTAL	**$3,500.00**

DATOS FINANCIEROS

Ya casi para completar el desarrollo del plan de negocio, discutiremos la sección por medio de la cual vas a trabajar los *datos financieros* del negocio.

Esta sección consta de varios análisis que te van a dar a conocer la situación financiera del nuevo negocio, siempre y cuando los desarrolles con estricta objetividad. Lo mismo te va a permitir identificar en un principio sus oportunidades económicas y debilidades potenciales. Entre estos análisis se encuentran los siguientes: (a) estado de fuentes y usos, (b) estado de situación proyectado, (c) estado de ingresos y gastos proyectados, y (d) estado financiero personal. Si entiendes que vas a necesitar ayuda para elaborarlos, te exhortamos a que solicites los servicios de un contador.

Dicha parte, la quinta parte del plan de negocio, la vas a encabezar en una página nueva. Ya en la próxima página vas a comenzar a presentar las tablas que forman parte de los datos financieros. En algunos casos, va a ser necesario que presentes notas en conjunto con el estado correspondiente para explicar o aclarar hechos o situaciones cuantificables o no con el fin de lograr una interpretación correcta de estos estados. ¡Esto es sumamente importante!

A continuación, te compartimos los modelos de las tablas que vas a incluir como parte de los datos financieros; aunque, una vez más, te recomendamos hacer uso de programas automatizados como *Microsoft Office Excel*. Recuerda que de ahora en adelante vas a comenzar a cuantificar, y este se pudiera convertir para ti en una mano amiga en el proceso.

ESTADO DE FUENTES Y USOS

Como parte de los datos financieros es necesario que realices un *Estado de fuentes y usos*. Por medio de este estado, vas a dar a conocer de dónde van a provenir los recursos del negocio y qué uso les vas a dar a estos. Esto lo vas a hacer por medio de una tabla parecida a la que te presentamos a continuación (ver **Tabla 5**). Ocúpate de personalizarla con los datos que le conciernan a tu negocio.

Tabla 5. Estado de fuentes y usos

Nombre del negocio *Costos iniciales de operación (Startup)* (Estado de fuentes y usos)	
DESCRIPCIÓN	CANTIDAD
Fondos disponibles	
1. _____	$_____
2. _____	$_____
3. _____	$_____
TOTAL	$_____
Uso de fondos disponibles	
1. _____	$_____
2. _____	$_____
3. _____	$_____
TOTAL	$_____
Aportación del dueño	
1. _____	$_____
2. _____	$_____
3. _____	$_____
TOTAL	$_____

LEYENDA:

• **Fondos disponibles:** indica y enumera la totalidad de los fondos con los que cuentas, como, por ejemplo: efectivo en el banco, préstamo a solicitar u otros.

• **Uso de fondos disponibles:** indica y enumera en qué piensas gastar el total de los fondos disponibles. Además de gastos, materiales y otros preoperacionales aquí vas a incluir el inventario y los gastos operacionales; pero solo los relacionados con los primeros meses de vida del negocio.

• **Aportación del dueño:** indica y enumera de dónde va a provenir la aportación del dueño.

ESTADO DE SITUACIÓN PROYECTADO

Un *Estado de situación proyectado* es un análisis que se realiza para proyectar los activos y pasivos con los que una empresa va a contar. En este espacio, presenta la tabla a continuación que, una vez más, vas a personalizar con los datos vinculados con tu negocio (ver **Tabla 6**).

Tabla 6. Estado de situación proyectado

		Nombre del negocio *Estado de situación proyectado* (Primeros tres años de operaciones)			
		NOTAS	**AÑO 1**	**AÑO 2**	**AÑO 3**
Activos corrientes					
Ej. Efectivo			$_____	$_____	$_____
Ej. Cuentas por cobrar			$_____	$_____	$_____
Ej. Inventario			$_____	$_____	$_____
Ej. Depósitos			$_____	$_____	$_____
	TOTAL		$_____	$_____	$_____
Activos					
Ej. Propiedad y equipo			$_____	$_____	$_____
-Depreciación acumulada			$_____	$_____	$_____
	TOTAL		$_____	$_____	$_____
Pasivos corrientes					
Ej. Cuentas por pagar			$_____	$_____	$_____
Ej. Contribuciones			$_____	$_____	$_____
Ej. Otras deudas corto plazo			$_____	$_____	$_____
	TOTAL		$_____	$_____	$_____
Pasivos					
Ej. Préstamos por pagar			$_____	$_____	$_____

	NOTAS	AÑO 1	AÑO 2	AÑO 3
Nombre del negocio *Estado de situación proyectado* (Primeros tres años de operaciones)				
TOTAL		$_____	$_____	$_____
Capital del dueño				
Ej. Aportación de capital		$_____	$_____	$_____
Ej. Ganancias (pérdidas) retenidas (acumuladas)		$_____	$_____	$_____
Ej. Distribución al dueño		$_____	$_____	$_____
TOTAL		$_____	$_____	$_____
TOTAL DE PASIVOS Y CAPITAL		$_____	$_____	$_____

LEYENDA:

• **Activos:** indica y enumera los *activos*, que son el total de los recursos de los que dispone una empresa para llevar a cabo operaciones.

• **Pasivos:** indica y enumera los *pasivos*, que son el total de las deudas y las obligaciones que contrae la empresa.

• **Capital del dueño:** coloca la suma de las aportaciones, ganancias o pérdidas al dueño; así como la suma de las distribuciones a este.

• **Notas:** menciona y describe cada uno de los activos, pasivos y capital haciendo uso de números arábigos sucesivos (entiéndase, números que usamos de manera habitual. Ejemplo: 1, 2, 3, ...).

ESTADO DE INGRESOS Y GASTOS PROYECTADOS

Además de hacer los estados anteriores, según lo discutido, para propósitos de los datos financieros vas a trabajar un *Estado de ingresos y gastos proyectados.* Este es un estado mediante el cual una empresa proyecta sus ingresos y gastos para los primeros tres (3) años de operaciones.

De manera similar a lo que has hecho anteriormente, en este espacio, vas a presentar la tabla que aparece a continuación (ver **Tabla 7**). De nuevo, personalízala con los datos relevantes a tu negocio.

Tabla 7. Estado de ingresos y gastos proyectados

		Nombre del negocio *Estado de ingresos y gastos proyectados* (Primeros tres años de operaciones)			
	NOTAS	12 MESES[5]	AÑO 1	AÑO 2	AÑO 3
Ingresos					
Ingreso 1		$_____	$____	$____	$____
Ingreso 2		$_____	$____	$____	$____
Ingreso 3		$_____	$____	$____	$____
TOTAL		$_____	$____	$____	$____
Costos de venta[6]					
Producto/servicio 1		$_____	$____	$____	$____
Producto/servicio 2		$_____	$____	$____	$____
Producto/servicio 3		$_____	$____	$____	$____
TOTAL		$_____	$____	$____	$____
GANANCIA BRUTA		$_____	$____	$____	$____

---

[5] Aquí vas a presentar el desglose de las proyecciones por mes para los primeros doce (12) meses de la operación del negocio (ejemplo: Mes 1, Mes 2, Mes 3, ... Mes 12). En esta ocasión, no presentamos este desglose en la tabla debido a la limitación del espacio.

[6] Los **costos de venta** se refieren tanto a productos como a servicios.

	NOTAS	12 MESES[5]	AÑO 1	AÑO 2	AÑO 3
Nombre del negocio *Estado de ingresos y gastos proyectados* (Primeros tres años de operaciones)					
Gastos operacionales					
Ej. Nómina de empleados		$_____	$_____	$_____	$_____
Ej. Aportación patronal		$_____	$_____	$_____	$_____
Ej. Servicios profesionales		$_____	$_____	$_____	$_____
Ej. Servicios públicos		$_____	$_____	$_____	$_____
Ej. Renta		$_____	$_____	$_____	$_____
Ej. Cargos bancarios		$_____	$_____	$_____	$_____
Ej. Mercadeo y publicidad		$_____	$_____	$_____	$_____
Ej. Principal + Intereses		$_____	$_____	$_____	$_____
Ej. Depreciación		$_____	$_____	$_____	$_____
Ej. Misceláneos		$_____	$_____	$_____	$_____
TOTAL		$_____	$_____	$_____	$_____
Ingreso neto antes de contribuciones		$_____	$_____	$_____	$_____
Ej. Contribuciones sobre ingresos		$_____	$_____	$_____	$_____
Ingreso neto		$_____	$_____	$_____	$_____

LEYENDA:

Ingresos: enumera y estima los ingresos de tu negocio haciendo un desglose de las proyecciones por mes para los primeros doce (12) meses de la operación del negocio (ejemplo: Mes 1, Mes 2, Mes 3, ... Mes 12). En esta ocasión, no presentamos este desglose en la tabla debido a la limitación del espacio.

Costos de venta (producto/servicio): los costos de venta son aquellos que van a afectar directamente la venta de tu producto o servicio. Ejemplo, si vas a vender zapatos a $15.00, y estos te cuestan $5.00, este último va a ser su costo de venta.

Gastos operacionales: enumera y estima todos los gastos operacionales del negocio. Para el primer año, vas a hacer esto por mes para los primeros doce (12) meses de la operación del negocio (ejemplo: Mes 1,

Mes 2, Mes 3, ... Mes 12). En esta ocasión, no presentamos este desglose en la tabla por la razón que ya conoces.

• **Ingreso neto antes de contribuciones:** es la resta del total de la ganancia bruta menos el total de los gastos operacionales.

• **Ingreso neto:** es la resta del ingreso neto de contribuciones menos el estimado de las contribuciones por pagar.

• **Notas:** menciona y describe cada uno de los ingresos, costos de venta y gastos operacionales haciendo uso de números arábigos sucesivos (entiéndase, números que usamos de manera habitual. Ejemplo: 1, 2, 3, ...).

ESTADO FINANCIERO PERSONAL

Con el propósito de completar los datos financieros del plan de negocio, prepara una hoja que contenga tus activos y pasivos. A este tipo de estado se le conoce como *Estado financiero personal* (ver **Tabla 8**). Luego de personalizarla, preséntala como parte de estos datos.

Tabla 8. Estado financiero personal

Nombre del dueño *Estado financiero personal* Fecha		
Activos		
Efectivo		$_____
Inversiones en:		
Ej. Instrumentos mercadeables (acciones)		$_____
Ej. Corporaciones		$_____
Ej. Cuentas de Retiro Individual		$_____
Ej. Planes de Retiro		$_____
Ej. Residencia/s		$_____
Ej. Terreno/s		$_____
Ej. Vehículo/s		$_____
Ej. Mobiliario y enseres		$_____
Ej. Efectos personales y joyería		$_____
	TOTAL	$_____
Pasivos y capital neto		
Pasivos		
Ej. Cuenta/s por pagar		$_____
Ej. Préstamo/s no garantizado/s (tarjetas, etc.)		$_____
Ej. Préstamo/s de vehículo/s		$_____
Ej. Hipoteca/s por pagar		$_____
	TOTAL	$_____

Nombre del dueño *Estado financiero personal* **Fecha**
CAPITAL NETO $_____   TOTAL PASIVOS Y CAPITAL NETO $_____

LEYENDA:

· **Activos:** identifica y enumera el total de los *activos*, que son el total de los recursos con los que cuentas en lo personal.

· **Pasivos:** identifica y enumera el total de los *pasivos*, que son el total de las deudas y las obligaciones con las que cuentas también en lo personal.

· **Capital neto:** es la resta del total de activos menos el total de pasivos.

➡ DOCUMENTOS DE APOYO

Los **documentos de apoyo** corresponden a la sexta y última parte del plan de negocio. Por ende, estos se colocan al final del documento. Los documentos de apoyo son como anejos que contienen información que de alguna manera justifica, apoya, evidencia o sostiene el contenido de dicho plan. Es importante que en el texto hagas referencia a estos para que el lector sepa que los mismos están disponibles en el documento y los pueda consultar. Ocúpate de revisar que estos documentos estén al día. ¡Importante!

Algunos de los documentos que te recomendamos incluir en el plan de negocio, si aplican, son:

☐ Resumés, diplomas, certificaciones o licencias.

☐ Estudios o artículos relacionados con el análisis del mercado.

☐ Cotizaciones de equipos, materiales, servicios y otros.

☐ Contratos de compra o alquiler.

☐ Permisos, licencias o seguros.

☐ Contratos de distribución, exclusividad, franquicias, seguros y otros.

☐ Cartas de intención de clientes potenciales, suplidores, arrendadores y otros.

☐Planos, croquis y fotos del local.

☐Documentos de patentes, derechos de autor o marcas.

☐Documentos corporativos

☐Descripción legal de la colateral/tasación, según sea solicitado.

☐Acuerdo internacional (específico a industria)

☐Informes de crédito

☐Otros

PASO 3

ESTRUCTURAS
DE NEGOCIOS

ORGANIZACIÓN LEGAL DE LA
NUEVA EMPRESA

En los primeros dos pasos, que ya completamos para alcanzar la meta de establecer un negocio en los Estados Unidos de América (EE. UU., por sus siglas en español) con el mayor acierto posible —entiéndase, idea y plan de negocio—, lo que hicimos fue planificar nuestro proyecto empresarial.

Ahora, mediante el primero de los tres pasos que nos van a ayudar a darle formalidad, y tercero de los cinco pasos a seguir en este proceso, vamos a seleccionar la estructura legal que va a tener el negocio para poder operarlo de acuerdo con las leyes vigentes en tu localidad dentro de los EE. UU.

Un dato esencial que debes conocer acerca de las **estructuras de negocios** es que mediante estas se establece la organización legal de toda empresa, ya sea como persona natural (entiéndase, DBA) o jurídica (entiéndase, Corporación, Compañía de Responsabilidad Limitada [LLC, por sus siglas en inglés] u otra). No obstante, aunque existen muchas formas de organizar una empresa con base en la ley, las estructuras de negocios que vamos a repasar en esta sección suelen ser las más comunes de entre todas.

Como muchas cosas en la vida, todas involucran ventajas y desventajas para la empresa. De esta manera, el estudiarlas sin prisa y el analizarlas en detalle se va a convertir para ti, en este momento, en tu carácter como futuro empresario, en una responsabilidad de total seriedad si es que deseas elegir la que mejor responda a la naturaleza de tu negocio.

INDIVIDUAL

La **empresa individual**, o «*doing business as*» (DBA, por sus siglas en inglés), es una estructura de negocio que se establece cuando una persona con capacidad legal decide hacer negocios por su cuenta o desea ser la única propietaria de la empresa.

+**Ventaja/s:** La empresa individual es la forma más fácil y menos costosa de hacer negocios. Por lo regular, bajo esta estructura legal, la responsabilidad de la operación y, como consecuencia, de las ganancias o las pérdidas de la empresa recae sobre su propietario. Además, esta es una estructura legal que no requiere completar una planilla de contribuciones diferente a la de este.

-**Desventaja/s:** Esta estructura legal solo permite a un dueño por empresa. Por ende, la responsabilidad total de esta recae sobre el sujeto. Esto es así porque bajo la empresa individual el negocio y el dueño son considerados una misma persona, en cuanto a derechos y obligaciones. De esta manera, este es un tipo de empresa que depende en gran medida de su propietario.

NOTAS:

CORPORACIÓN

Una *corporación* es una estructura de negocio en la que la empresa es vista como su propia entidad legal —independiente de sus propietarios— con un fin legal, público o privado. Esta tiene derechos y obligaciones similares a las de un individuo. Por ejemplo, la misma puede comprar y vender propiedades, hacer contratos y entablar juicios. Asimismo, está obligada a pagar impuestos. En caso de una bancarrota o un juicio, la empresa suele ser tomada como la responsable.

+**Ventaja/s:** Bajo este tipo de estructura legal, la responsabilidad personal de los propietarios es limitada. En el caso de la operación como tal de la corporación, esta puede ser definida o indefinida.

-**Desventaja/s:** En la corporación, las ganancias del negocio pagan doble impuesto: cuando la empresa reclama el ingreso y, otra vez, cuando los accionistas hacen lo mismo.

NOTAS:

SOCIEDAD

La *sociedad* es un instrumento legal. De preferencia mediante un contrato, les permite a dos o más personas convertirse en socias y dividirse entre ellas las ganancias. Sin embargo, ojo. Lo mismo ocurre con las pérdidas que resulten del negocio.

+**Ventaja/s:** Las sociedades son sumamente fáciles de constituir. En muchas ocasiones, basta con hacerlo por medio de un acuerdo verbal.

-**Desventaja/s:** Bajo esta estructura legal, los socios responden de forma subsidiaria o secundaria con sus bienes particulares.

NOTAS:

COOPERATIVA

Una *cooperativa* es una entidad sin fines de lucro. Esta puede ser fundada por un grupo de individuos privados que tengan un interés social en común, ya que una de las principales funciones de la cooperativa es incorporar la solidaridad y los esfuerzos de sus miembros para llevar a cabo actividades socioeconómicas que satisfagan necesidades tanto individuales como colectivas.

+**Ventaja/s:** En este tipo de estructura legal, las personas participan de un sistema democrático y obtienen ganancias equitativas hasta lograr una sociedad igualitaria.

-**Desventaja/s:** Son entidades sin fines de lucro, y requieren un mínimo de miembros para quedar finalmente constituidas.

✎ **NOTAS:**

💼 **COMPAÑÍA RESPONSABILIDAD LIMITADA**

La *compañía de responsabilidad limitada*, conocida en inglés como «*limited liability company*» (LLC, por sus siglas en inglés), es una estructura legal que combina las características de una corporación y una sociedad.

+**Ventaja/s:** Esta estructura legal da la opción de tributar, ya sea como una corporación (entiéndase, doble tributación) o una sociedad (entiéndase, tributación simple para los socios).

-**Desventaja/s:** Tanto los inversionistas como los bancos y las agencias del gobierno todavía desconocen cómo funciona esta estructura legal; por lo que, en muchas ocasiones, solicitan documentos que solo les aplican a las corporaciones.

> ✎ **NOTAS:**

NOTA ESPECIAL

Es importante que, después de que registres una corporación, sociedad, cooperativa o compañía de responsabilidad limitada, solicites el llamado **Número de Identificación del Empleador** (EIN, por sus siglas en inglés) en el Internal Revenue Service (IRS, por sus siglas en inglés).

El *EIN* es un número de nueve (9) dígitos, asignado por el IRS. El mismo se utiliza para identificar las cuentas tributarias de los empleadores y de algunos otros que no tienen empleados. El IRS también utiliza este número para identificar a los contribuyentes, a quienes se les requiere presentar diferentes declaraciones de impuestos de negocios. En el caso de los que trabajan como individuos, el EIN es opcional hasta el momento en el que contratan a empleados o recurren a contratistas.

Para más información sobre el particular, visita el sitio web del IRS en https://www.irs.gov/.

PASO 4

FINANCIAMIENTO PARA NEGOCIOS

MISMO FIN, MÚLTIPLES OPCIONES A ESCOGER

Si ya seleccionaste la estructura legal de tu negocio, podemos decir que estás listo para pasar al próximo paso del proceso que conlleva el establecimiento de un negocio. En este caso, nos referimos al cuarto paso que tiene que ver con el capital que vas a necesitar para materializar tu proyecto empresarial.

Uno de los principales obstáculos al que te pudieras enfrentar como empresario, al momento de establecer un negocio, es a la falta del capital o del dinero que vas a necesitar para ponerlo en marcha y hacerlo funcionar; por lo menos, durante sus primeros tres (3) años de vida.

A la luz de esta posibilidad, te sugerimos que acudas al financiamiento del negocio en el orden que te presentamos más adelante. Aunque, claro, todo va a depender de tu necesidad y del acceso que tengas a determinado tipo de financiamiento. ¿Cómo está tu crédito? Más vale que, dentro de lo posible, BIEN.

También te recomendamos que, en caso de optar por un tipo de financiamiento que involucre a terceros, así se trate de familiares o amigos, establezcas un acuerdo por escrito de la transacción con las partes involucradas. Esto te va a ayudar a manejar cualquier conflicto que ocurra en la eventualidad respecto a la operación del negocio. ¡No te confíes!

☐CAPITAL PROPIO

Comenzar un negocio con dinero propio tiene sus ventajas y desventajas. La ventaja principal de hacer uso de tus ahorros para invertir en tu negocio es que, aunque requiera repago, el repago te lo vas a hacer a ti mismo; de acuerdo con los términos y las condiciones que hayas establecido en beneficio del negocio. Asimismo, al hacer uso del capital con el que cuentas vas a evitar contraer responsabilidades con otros que luego se conviertan en un terrible dolor de cabeza. ¿Qué tal te parece si evitas que esto ocurra? Por el contrario, la desventaja de recurrir a este tipo de financiamiento es que de fallar el negocio pudieras perder el dinero ahorrado. Así las cosas, pon la situación en una balanza. Procura que esta esté bien calibrada. ¡Ja, ja, ja, ja!

✎ **NOTAS:**

☐FAMILIARES

Acudir a familiares para invertir en tu negocio también es una opción real. Su principal ventaja es que la negociación la harías con personas de suma confianza. En cambio, si para esto optas por recurrir al apoyo de algún miembro de la familia te recomendamos tener especial cuidado con la administración del capital que vayas a financiar; ya que siempre va a existir la posibilidad de que, lamentablemente, la relación entre las partes se deteriore por incumplir con el acuerdo establecido.

⁎ **CONSEJO:** Establece lo acordado por escrito.

✎ **NOTAS:**

□AMIGOS

Pedirles a tus amigos el dinero que necesitas para el negocio no es tan descabellado como parece. Estos pudieran, incluso, motivarte y apoyarte a lo largo del proceso de tu emprendimiento. Sin embargo, en este caso, la cantidad del préstamo, así como los términos y las condiciones para la devolución del dinero, por lo regular, son menores a diferencia de cuando les pides este dinero prestado a familiares. De inclinarte por esta opción, te sugerimos cuidar la relación que te une a tus amigos. El incumplir con el acuerdo establecido la pudiera deteriorar, semejante al caso anterior.

★ **CONSEJO:** Establece lo acordado por escrito.

NOTAS:

□SOCIOS

En la vida hay personas o entidades que comparten las mismas aspiraciones; por lo que ir en busca de un socio que invierta el mismo capital que vas a invertir tú en el negocio y que además de dinero aporte otros recursos que sean complementarios a los que tú posees, como experiencia en algún aspecto del negocio, conocimiento del mercado o contactos comerciales, está a tu alcance. En cambio, el tener a un socio de negocio no siempre va a resultar ser la mejor opción; puesto que más adelante podrían surgir desacuerdos entre las partes, diferencias o conflictos si se falla en el cumplimiento de los objetivos comerciales. Esto pudiera resultar peor si te topas con un socio conflictivo, del cual no te puedas deshacer tan fácil como quisieras o las circunstancias lo ameriten.

★ **CONSEJO:** Establece lo acordado por escrito.

✎ **NOTAS:**

☐INVERSIONISTAS

Buscar a un inversionista implica buscar a una persona o entidad que pueda y quiera, así, en este mismo orden, financiar una parte o la inversión total del negocio, y que, como consecuencia, reciba un porcentaje de las utilidades de acuerdo con lo aportado. Una desventaja potencial, al hacer uso de este tipo de financiamiento, es que pudieras tener que lidiar con el hecho de pagarle siempre una parte de las utilidades del negocio a quien invirtió en un inicio en este y luego no hizo nada más por ayudarte a hacerlo crecer. ¡Cuidado con esto! Llega con la parte a acuerdos razonables en torno al negocio. Piensa en las consecuencias de estos acuerdos a largo plazo y evita ser influenciado por la emoción del momento.

⭐ **CONSEJO:** Establece lo acordado por escrito.

✎ **NOTAS:**

☐COMPETENCIAS

Otra forma de establecer un negocio consiste en participar en competencias, la cuales suelen ser organizadas por entidades reconocidas con o sin fines de lucro. En las mismas, se suele premiar a la mejor de las ideas con un financiamiento, ya sea total o parcial. Si cuentas con una idea de negocio atractiva y que, además, esté respaldada por un sólido plan de negocio no dejes pasar la oportunidad de investigar sobre la existencia de este tipo de competencias en tu localidad; puesto que esta pudiera ser una muy buena alternativa para emprender con tu negocio.

NOTAS:

☐ BANCA TRADICIONAL Y NO TRADICIONAL

Por ningún motivo te vamos a mentir. Este es un tipo de financiamiento algo complicado; debido a que no siempre se tiene la oportunidad de acceder a él. La mayoría de las veces esto es así porque los bancos tienden a otorgarles crédito solo a negocios en marcha y con experiencia, y no a aquellos que recién comienzan a incursionar en el mercado. No obstante, acceder a un crédito bancario para iniciar un nuevo negocio no es imposible si cuentas con una buena reputación crediticia, aceptables referencias comerciales y, sobre todo, una idea que esté apoyada en un sólido plan de negocio. ¿Ya te vas convenciendo de la importancia de este documento?

Una alternativa real a solicitar un préstamo en la banca tradicional es solicitar un préstamo en otras entidades financieras que les sirvan a las pequeñas y medianas empresas, conocidas en el argot de los negocios como «pymes». Por lo regular, estas entidades son más flexibles que la banca tradicional; pero, así como en el caso de esta última, para poder acceder a alguno de sus productos tu idea de negocio va a tener que estar respaldada por un plan de negocio altamente viable. La desventaja de este tipo de financiamiento es que, a diferencia de los bancos tradicionales, en estas entidades financieras la cantidad de dinero por prestar suele ser pequeña y el costo del préstamo, o tasa de interés, suele ser muy elevado.

✎ **NOTAS:**

NOTA ESPECIAL

Es muy común que en tu localidad haya entidades con o sin fines de lucro que apoyen el emprendimiento empresarial. Es por esto por lo que te exhortamos a que hagas una búsqueda exhaustiva con el fin de que las puedas identificar. Una vez las identifiques, comunícate con ellas para que indagues si de casualidad cuentan con algún tipo de incentivo que te pueda ayudar a echar hacia adelante tu proyecto de negocio; sin la necesidad de antes endeudarte. Un *incentivo* es una ayuda económica o no económica que, por lo regular, no requiere retribución alguna; aunque sí el cumplimento de una serie de requisitos. Pero qué más da, nunca está de más explorar cualquier posibilidad que aporte al progreso.

PASO 5

PERMISOS Y LICENCIAS

REQUERIMIENTOS PARA OPERAR EL NUEVO NEGOCIO

Un negocio no está listo para operar si antes no cumple con las regulaciones de ley para tales propósitos. Por lo tanto, a este punto, es importante que pases al quinto y último paso por medio del cual vas a ver completado tu proyecto ante los ojos de la ley. En otras palabras, al completar este paso —que fácilmente puede demorar algún tiempo razonable por su naturaleza—, ya el proyecto que estaba en tu mente habrá dejado de ser una simple idea para convertirse en toda una realidad. ¿Crees que estás listo para conocer cómo esto sucede?

En los Estados Unidos de América (EE. UU., por sus siglas en español), por ejemplo, las empresas necesitan solicitar una combinación de permisos y licencias, tanto en agencias estatales como federales, para poder operar sus negocios. Los requisitos y costos de estos pudieran variar conforme a ciertos factores, como: actividad empresarial de cada negocio, ubicación de estos, normas oficiales, entre otros. Recuerda que cada negocio es único. De esta forma, te encomendamos diligenciar todos los permisos y las licencias que les apliquen a tu negocio para estar en cumplimiento de ley, y así evitar las penalidades en las que pudieras incurrir en caso contrario.

PERMISOS Y LICENCIAS ESTATALES

Tal y como acabamos de comentar, los permisos y las licencias estatales que vayan a requerir las operaciones de tu negocio van a depender de su actividad empresarial, ubicación, normas oficiales, entre otros factores concernientes a este. Lo mismo va a suceder con los costos de estos requerimientos de ley.

Por otro lado, un detalle muy importante que debes conocer acerca de esto es que los estados tienden a regular una variedad más amplia de actividades que el mismo gobierno federal. Por ejemplo, entre las actividades comerciales que normalmente se regulan a nivel local se encuentran: las subastas, la construcción, el lavado en seco, las actividades agropecuarias, la plomería, los restaurantes, el comercio al menudeo y las máquinas expendedoras. Ahora bien, varios de los permisos y las licencias que se requieren para llevar a cabo negocios relacionados con este tipo de actividades tienen un plazo de vencimiento; de manera que te exhortamos a que estés muy pendiente de esto para que puedas renovar esta documentación a tiempo. En todo caso, es más fácil renovar que solicitar permisos y licencias por primera vez.

★ **IMPORTANTE:** Revisa con detenimiento los reglamentos del estado, condado o ciudad en la que tengas pensado llevar a cabo negocios, ya que los requisitos suelen variar de industria en industria y de acuerdo con su ubicación. Si es posible, visita el sitio web oficial de tu estado, condado o ciudad para obtener más información acerca de los permisos y las licencias que necesitas para tener tu negocio al día en términos del cumplimiento con la ley. Si quieres ir a la segura, preséntate sin pensarlo en las oficinas correspondientes y solicita una orientación.

Fuente: U.S. Small Business Administration

PERMISOS Y LICENCIAS FEDERALES

En caso contrario, si las actividades que vas a llevar a cabo por medio de tu negocio están reguladas por una agencia federal, vas a necesitar obtener un permiso o una licencia federal. Como consecuencia, revisa si alguna de estas actividades aparece en la lista que te presentamos más adelante y, luego, consulta con la agencia pertinente cómo puedes presentar la solicitud ante esta de manera correcta. Una vez más, considera que los requisitos y los costos pudieran variar de acuerdo con la actividad de negocio y la agencia que vaya a expedir el permiso o la licencia.

Insistimos en que te comuniques con la agencia de tu interés para que recibas una orientación personalizada que te permita diligenciar con facilidad solo la documentación que le aplique a tu negocio.

☐Departamento de Agricultura

Si por medio de tu negocio vas a importar o transportar animales, productos de origen animal o vegetal, productos biológicos o biotecnología de un estado a otro.

☐Oficina de Impuestos y Comercio de Alcohol y Tabaco

Si por medio de tu negocio vas a fabricar, vender al mayoreo, importar o vender bebidas alcohólicas en un local minorista.

☐Administración Federal de Aviación

Si por medio de tu negocio vas a operar aeronaves, transportar mercancías o personas vía aérea o dar mantenimiento a aviones.

☐Oficina de Alcohol, Tabaco, Armas de Fuego y Explosivos

Si por medio de tu negocio vas a fabricar, comercializar o importar armas de fuego u otros.

☐Servicio de Pesca y Vida Silvestre

Si por medio de tu negocio vas a realizar cualquier actividad relacionada con la vida silvestre, incluyendo la importación o exportación de productos silvestres y derivados.

☐Servicio de Pesca de la Administración Nacional Oceánica y Atmosférica

Si por medio de tu negocio vas a realizar pesca comercial de cualquier tipo.

☐Comisión Marítima Federal

Si por medio de tu negocio vas a proporcionar transporte marítimo o facilitar el transporte de carga por mar.

☐Oficina de Normativa Ambiental y Seguridad

Si por medio de tu negocio vas a perforar para extraer gas natural, petróleo u otros recursos minerales en territorio federal.

☐Comisión Reguladora Nuclear

Si por medio de tu negocio vas a producir energía nuclear comercial, si este consiste en una instalación de ciclo de combustible nuclear o si realiza distribución y eliminación de materiales nucleares.

☐Comisión Federal de Comunicaciones

Si por medio de tu negocio vas a difundir información por radio, televisión, telegrafía, satélite o cable.

☐Departamento de Transporte

Si por medio de tu negocio vas a utilizar un vehículo de gran tamaño o peso. Si este fuera el caso, el gobierno estatal te pudiera emitir los permisos para vehículos de gran tamaño y peso, pero el Departamento de Transporte de EE. UU. será el que tenga la autoridad para dirigirte a la oficina estatal que corresponda según sea el caso.

Fuente: U.S. Small Business Admin,istration

PERMISO DE VENDEDOR AMBULANTE

El *Permiso de Vendedor Ambulante* se le otorga a cualquier operación comercial continua o temporera de venta al detal de bienes y servicios, sin establecimiento fijo y permanente en unidades móviles, a pie o a mano desde lugares que no estén adheridos a sitio o inmueble alguno, o que estándolo no tenga conexión continua de energía eléctrica, agua o facilidades sanitarias. Esta licencia es regulada exclusivamente por cada estado, condado o ciudad. Por lo tanto, los requisitos para establecer un negocio de este tipo varían de acuerdo con su ubicación o localidad. Siendo esto así, te exhortamos a consultar tu caso con las agencias pertinentes.

NOTA ESPECIAL

El proceso para otorgar los permisos y las licencias que permiten operar un negocio bajo la ley se suele prolongar por muchos factores, en cualquier agencia estatal o federal. Sin embargo, uno de los principales es que el solicitante no acostumbra a presentar la documentación requerida en su totalidad al radicar la solicitud. Por lo tanto, te recomendamos ser organizado. Haz una hoja de cotejo y organiza la documentación según aparezca en la lista de requisitos. Una vez radicada la solicitud, dale seguimiento.

Ahora **NO**

DESISTAS

de lo que pueda llegar a ser
TU EMPRENDIMIENTO.

CONOCE A LOS AUTORES

LCDO. RÚBEN AYALA, LL.M. Empresario y apasionado del mundo de los negocios. Le ha dedicado más de 15 años a la creación, desarrollo y protección de negocios. En tiempos de retos y austeridad económica ha podido establecer, paralelo a su práctica legal, empresas de éxito como la reconocida PermisosComerciales.com para atender las necesidades de todo tipo de negocio. En 2020, fue reconocido por el Centro Unido de Detallistas como uno de los 10 jóvenes que están marcando las tendencias en el desarrollo empresarial de Puerto Rico.

DRA. ZULMARIE RIVERA Profesora, empresaria y escritora. Con base en sus estudios graduados en la disciplina de la psicología industrial organizacional, y en su variada experiencia profesional, contribuye proactivamente al crecimiento de individuos, grupos y entidades. En los últimos años, ha empleado con gran ingenio la escritura con propósito para aportar valor a la vida de otros.

MELVIN QUIÑONEZ, MBA Contador, empresario y coach certificado. Posee un Juris Doctor de una de las universidades de derecho más reconocidas del país. Dirige con éxito su empresa ContabilidadComercial.com, la cual ofrece servicios de contabilidad para pymes y startups. Ha sido reconocido en múltiples ocasiones por el Centro Unido de Detallistas como uno de sus empresarios destacados.

EDUCACIÓNPYME

EDUCACIÓN PYME es una empresa de educación, consultoría y desarrollo empresarial; creada en 2017 con el propósito de atender las necesidades de los pequeños y medianos empresarios a fin de desarrollar sus negocios o mejorar las operaciones de negocios existentes. Por medio de su amplia variedad de servicios, busca apoyar a estos ante los retos y las oportunidades del mercado. Su equipo de trabajo está constituido por profesionales probados en sus respectivos campos de estudio; de manera tal que sus conocimientos y experiencias aportan un valor incalculable al público al que les sirven y, sobre todo, a su país.

¡Ya son miles los emprendedores que han sido apoyados por Educación PyME y sus publicaciones!

Educación PyME
Ave. Innovación 295
Caguas, Puerto Rico 00727
info@educacionpyme.com
www.educacionpyme.com

¡Síguenos en nuestras redes!
@educacionpyme

SCAN ME